Cuando
El Cielo
INVADE
La Tierra

Naysi Gómez

Una Guía Práctica hacia una Vida de Milagros

832-212-0649

Cuando
El Cielo
INVADE
La Tierra

Una Guía Práctica hacia una Vida de Milagros

POR BILL JOHNSON

Treasure House

Sello de

Destiny Image® Publishers, Inc.

P.O. Box 310
Shippensburg, PA 17257-0310

"Ya que donde se halle el tesoro, allí también estará tu corazón"
Evangelio según San Mateo 6:21

ISBN 10: 0-7684-2390-2
ISBN 13: 978-0-7684-2390-7

Para Distribución Internacional
Impreso en los Estados Unidos de Norteamérica.

Traducido al español por Maria Gustafson

Este libro y todos los demás libros correspondientes a "Destiny Image"," Revival Press", "Mercy Place", "Fresh Bread", "Destiny Image Fiction", y " Treasure House Books" se encuentran disponibles en librerías Cristianas y para su distribución en el ámbito internacional.

1 2 3 4 5 6 7 8 9 10 11 12 / 11 10 09 08 07 06

A los efectos de encontrar una librería en los Estados Unidos de Norteamérica
Que se encuentre cercana a su lugar de residencia, comuníquese al siguiente número de teléfono:
1-800-722-6774.
Para mayor información relativa a la distribución en el extranjero,
comuníquese con el siguiente número de teléfono:
717-532-3040.
O bien, nos puede encontrar en nuestro sitio en Internet:
www.destinyimage.com

Dedicación

Dedico este libro a las dos iglesias donde he desarrollado mis actividades como pastor: la "Mountain Chapel of Weaverville" (Capilla de la Montaña de Weaverville), California, y la "Bethel Church of Redding" (Iglesia de Betel de Redding), California. Vosotros habíais tenido una vida de desazón – viviendo en riesgo contínuo – y tuvisteis la voluntad de aceptar lo inexplicable para obtener lo inolvidable. Os debo mucho mas de lo que jamás podré devolver. Gracias, os amo mucho.

Reconocimientos

A mi madre y mi padre - gracias por creer honestamente que yo podría hacer cualquier cosa.

A Mark Sanderson, John Montgomery, Kris Vallotton, Diane Brown, y Dr. Andre Van Mol - gracias por la exhortación y el aliento consistentes que me habéis dado para escribir. A Diane, - sus ideas fueron muy útiles.

A los ancianos de la Capilla de la Montaña - gracias por haberle dado sitio para crecer, por alentarme a seguir mi visión y por haberme comprado una Mac

Al personal y a los ancianos de la Iglesia de Betel - vosotros sois mis héroes. Vuestra voluntad de pagar el precio por la resucitación ha pavimentado el sendero para el fruto mas allá de nuestros sueños más salvajes. Vosotros sois el Equipo de Ensueño.

A Dann Farrelly - gracias por la honesta evaluación de materiales escritos, y por vuestros esfuerzos incansables al editarlos.

A Guy Chevreau - gracias por vuestras sugerencias cándidas y esfuerzos relativos a la edición. ¡Han sido invalorables para mí!

A Bobby y Carolyn Conner - gracias por permitirme utilizar la Cabina del Ángel para muchos días de escritos.

A Bob y Claudia Perry - gracias por permitirme utilizar vuestra Shasta en el Hilton como escondite para mis escritos.

A mi esposa Beni - tú eres para mí un sabor celestial en la tierra. Gracias.

Endosos

Bill Johnson es una de las personas más agradables que conozco, y una de las más peligrosas. Es una versión viviente que respira del Evangelio según San Mateo 6:10; "Venga a nosotros Tu Reino. Hágase Tu Voluntad asi en la Tierra como en el Cielo". Ese es el llamado del corazón de Cuando el Cielo Invade la Tierra. Mientras muchas personas en la Iglesia están haciendo tiempo esperando ir al cielo, el desafió de Bill es el de traer el cielo a la tierra — ¡ahora! Es un desafío al que debemos responder con urgencia.

Este libro es un edificador de fe. Desafía a cada creyente a caminar por el sendero de las señales y signos sobrenaturales y de las maravillas como parte natural de nuestra vida diaria.

— John Arnott
Pastor Principal, Asociación Cristiana del Aeropuerto de Toronto
Autor de *"The Father's Blessing"* *(La Bendición del Padre)*
Fundador y Presidente de "Partners in Harvest" (Socios en la Consecha)

Cuando el Cielo invade La Tierra es revolucionario. Está repleto de fe de tapa a tapa. Los cristianos comunes comenzarán a ver milagros extraordinarios en sus vidas diarias cuando asuman los desafios que están implicados en este libro.

— Wes Campbell
Co-Fundador de la Iglesia de la Nueva Vida
Autor de, "Welcoming a Visitation of the Holy Spirit"(Dándole la Bienvenida al Espíritu Santo)

Bill escribe de un modo extraordinario que lo ha de inspirar, equipar, y lo más importante, le ha de impartir la gracia de lo sobrenatural. Realmente recomiendo este sobresaliente libro.

— Ché Ahn
Pastor Principal, Harvest Rock, Pasadena, CA

¡Este es el libro mayor inspirador de fe que creo haber leído jamás! Coherente, desde el punto de vista teológico, posee implicancias profundas respecto a la forma en que un cristiano vive en este mundo. ¡Bill Johnson ha sido capaz de comenzar una reforma con este libro!

— Stacey Campbell

Co-Fundador de la Iglesia de la Nueva Vida y de Orar la Biblia Internacional

¡Advertencia! Los contenidos de este libro confrontaran la duda, el descreimiento y la enfermedad en su vida y, ¡provocará que vuestro nivel de expectativa hacia Dios explote! Muchos libros me han inspirado, pero *Cuando el Cielo invade la Tierra* me ha desafiado. Os garantizo que la auténtica fe surgirá de vuestros corazones y cambiareis.

— Jim W. Goll

Co-fundador del Ministerio de las Naciones

Autor de, *"The Lost Art of Intercession, Wasted on Jesus"* (El arte perdido de la intercession, malgastado en Jesus), y *"The Coming Prophetic Revolution"* (La Revolución Profética se aproxima)

Ha sido verdaderamente edificante, iluminador y acogedor leer el manuscrito escrito por Bill Johnson, titulado *Cuando el Cielo invade la Tierra.* En la segunda carta de San Pedro 1:12, la declaración está hecha, "... establecida en la verdad actual". Esto es exactamente acerca de lo cual está escribiendo el Pastor Bill.

"Verdad Actual" es lo que el Espíritu Santo está haciendo en este mismo instante y a lo que el Señor se refiere como hoy, respecto al momento actual y presente. Muchos libros se refieren a Jesús como el "He sido grande" o "Seré grande". El libro viviente del pastor Bill se concentra en Jesús como el "Soy grande".

Desearía haber tenido este material hace 50 años cuando recién estaba comenzando en el ministerio, pero en el Libro de Ester 4:14 describe el tema completo como, "Para un tiempo como este". Es el pensar para *el ahora.* Os sentiréis sorprendidos por los testimonios de los milagros emocionantes que suceden en la actualidad. Es un ejemplo energizado de la "verdad presente".

Gracias, Pastor Bill Johnson por haber vertido vuestro corazón en estos escritos. *Cuando el Cielo invade La Tierra* cumple con la promesa de la Primera Carta a los Corintios 1:5 - que en ¡todo (incluyendo la lectura de este libro) vosotros estáis enriquecidos por Él!

— Dick Mills

Conferenciante de la Conferencia Internacional

Autor de, *"God's Word For You and Marriage Bliss"* (La Palabra de Dios par Ti y la felicidad en el matrimonio)

Como amigo y pastor, Bill Johnson me ha patrocinado respecto a la búsqueda del Reino de Dios. La pasión de Bill por ver el reino de Dios liberado en la tierra hoy en día es altamente contagiosa y sangra a través de cada una de las paginas de este libro. En mi opinión, *Cuando el Cielo invade* la Tierra debe ser leído por aquellos que desean un fresco encuentro con el Dios viviente.

— Larry Randolph
Conferenciante de la Conferencia Internacional
Autor de, "User Friendly Prophecy" (El usuario de la profecía amigable)

En este libro *Cuando el Cielo invade la Tierra*, Bill Johnson demuestra a la gente que se halla en estado desesperación por encontrar algo mas en su vida cristiana, que todas las cosas son posibles para aquellos que viven inmersos en el Espíritu Santo. Este libro debe ser leído por toda la gente que desea caminar por el sendero del reino de lo sobrenatural del Espíritu Santo en sus vidas diarias. Me sentí tan tocado por el Señor mientras lo leía ¡qué mi fe explotó! Prácticamente no podía dejar de leerlo.

— Heidi G. Baker, Ph.D.
Director de Ministerios Iris
Co-Autor de, "*There's Always Enough*" *(Siempre hay suficiente)*

Este libro libera la revelación de la armada de Dios que la mueve hacia el trabajo del reino. Bill Jonson nos muestra que el reino de Dios no es tan solo un reino futuro, sino un reino que trabaja y que se halla disponible aquí y ahora.

— Cal Pierce
Director, Ministerios de Curaciones
Spokane, Washington

He leído muchos libros relativos a curaciones y milagros. Este libro contiene mucho mas que información relativa a la curación. Contiene enseñanzas reveladoras y claves para vivir en lo sobrenatural. Creo que este libro contiene algunas verdades ocultas y revelación que se comparte en estos últimos días - deben leerlo todos aquellos que estén aguardando recibir y predicar un reino de poder, curación, signos y señales y maravillas.

— Todd Bentley
Presidente, Ministerios Fuego Fresco
Conferenciante de la Conferencia Internacional

Nota del Autor:

Algunos de los nombres de las personas mencionadas en este libro han sido modificados. Lo he hecho en los casos que me pareció que la anonimidad es esencial.

Índice

Prefacio

Cuando estoy interesado en leer un nuevo libro, siempre se me presentan dos preguntas: ¿Es la vida del autor consistente con el mensaje del libro? ¿Tiene su ministerio la actitud de soporte de las declaraciones del libro? Si ambas preguntas no son respondidas en afirmativo sin definición de resonancia, no leeré el libro.

En el caso de *Cuando el Cielo Invade la Tierra* y Bill Johnson, tenia previo conocimiento del autor y su ministerio antes de leer el manuscrito. Por lo tanto, con las preguntas mencionadas anteriormente respondidas en afirmativo, felizmente leí el tratado.

Por primera vez, asistí de la Iglesia Betel de Redding, California – en la cual Bill Johnson era pastor – en 2001 unos pocos meses posteriores al fallecimiento de mi esposa. Había escuchado muchos cassettes grabados por Bill Johson unos pocos meses anteriores a concurrir a Betel. Estando en el proceso de elaborar con gran pena el fallecimiento de mi esposa con la que estuve casado durante mas de 47 años, hallé que estaba siendo maravillosamente asistido mientras estaba asistiendo a la vez. Enseñaba en la Escuela del Ministerio de lo Sobrenatural y estaba expuesto a un enorme grupo de buscadores radicales del Reino de Dios. Me informaron que su tema era el reino de Dios y que estas sesiones eran solamente parte de su ministerio. Las sesiones eran guiadas hacia la preparación para el Ministerio del Reino. Al término de la sesión, el instructor dijo a los estudiantes: "Vosotros habéis estudiado el Reino: ¡ahora vayáis y haced el trabajo del Reino!" Y así lo hicieron... ¡en los centros comerciales, en las calles, en las librerías y cafeterías! Esperaban resultados ¡ y los resultados sucedieron!

Tuve la impresión que este grupo representaba el espíritu de la Iglesia de Betel, que parecía decir: "Busquemos el Reino, encontrémoslo, ¡declaremos lo que hemos encontrado, y entreguémoslo al mundo!"

Cuando regresé a visitar la Iglesia de Betel y a Bill Johnson por segunda vez, recién me había enterado que mi prometida, Jerry tenia cáncer. Jerry, actualmente mi esposa, había sido programada para una cirugía mayor unos pocos días antes de nuestra visita a la Iglesia de Betel. En Betel, dos equipos sanadores por separado y un miembro del personal y su esposa se unieron a nosotros en poderosas sesiones de oración, cada uno de los grupos no tenia conocimiento ni impresiones del otro. La experiencia fue alegre, por medio del otorgamiento de fe y de la edificación de confianza tal como todos acordaron. "Ella vivirá y se unirá a ti en ministerio." La cirugía tuvo lugar unos pocos días después y hoy en día Jerry es mi esposa, libre de cáncer y ella y yo predicamos juntos. Para nosotros, esta experiencia en Betel fue una demostración de la validez del mensaje de este libro.

La dirección y perspectiva de este volumen radica esencialmente en "Qué sucede cuando el cielo invade la tierra". Este libro que estáis sosteniendo ¡se halla este momento es literalmente fuera de este mundo! Se trata de algo no visto y aun más real que los ojos que lo leen. Se trata del reino eterno, que no ha sido totalmente visto aun o expresado pero que se halla actualmente accesible y a la espera de la obediencia de cualquiera o de cualquier grupo que "busque primero el reino de Dios y Su corrección" (Evangelio según San Mateo 6:33)

Amo Cuando el *Cielo invade la Tierra* y me siento emocionado respecto al hecho que está por penetrar a la escena cristiana. Amo este libro porque nos dirige hacia una realidad segura en un mundo casi totalmente preocupado con una realidad secundaria. El lector de las Escrituras es consciente que finalmente define la realidad primaria como "lo no visto y lo eterno" mientras que define la "realidad secundaria como temporal, es decir, algo que no dura (ver la Segunda Carta a los Corintios 4:18) Las creencias de Bill Johnson, sus enseñanzas y su ministerio centrado en lo primario o la realidad del Reino y encuentra que esa realidad es suficiente para cambiar el rostro de "lo que se ve".

Amo este libro porque declara sin ninguna clase de disculpa que el Reino viviente y el poder forman una parte de la vida de un cristiano regular. Lo que se describe en este libro no es una expresión exótica o rara que solamente se ve en situaciones ocasionales, en vez, significa el latido del corazón del ministerio y vida del creyente del Reino.

Amo este libro porque incluye la necesidad de arrepentimiento o "cambio de mentalidad" como prerrequisito para ver y entrar al Reino. A esto se refiere en breve pero profundamente el material del Capitulo 1 y de algún modo, está extendido en el Capitulo 3.

Amo este libro debido a que es un llamado a una revolución espiritual para cambiar la faz de la tierra, y porque informa el modo en que una iglesia lo está haciendo mediante el cambio del vecindario, ciudad y región, "una persona a la vez".

Amo este libro porque la fe práctica (¿Existe alguna otra clase de fe?) se halla presentada claramente estando anclada a lo invisible y a la vida a partir de lo invisible a lo visible. Una vez que nos arrepentimos, vemos el Reino y frente a semejante visión, viene la fe. Esto se halla hábilmente presentado en el Capitulo 4.

Amo este libro debido a que ¡se halla enmarcado dentro del entorno de lo milagroso! Sus páginas iniciales se refieren (similarmente a Jesús en las bodas de Canáa) a un milagro que ocurrió en una boda y en sus páginas finales narra la sanación de un niño.

Amo este libro porque me desafía respecto a la oración al Reino como la entrada al poder y el medio para que el cielo descienda a la tierra. Del mismo modo en que el Reino de Dios derrama verdad y luz nueva sobre todas las otras verdades, así lo hace la oración.

Amo este libro debido a que clarifica los resultados prácticos y los frutos de los signos, señales y maravillas. No buscamos tales cosas, pero se nos promete que los signos, señales y maravillas ocurrirán a todo aquel que crea.

Finalmente, amo este libro porque me deja con el deseo de conocer mejor a Dios, de ser su compañero más íntimo, y de ser ministro junto a Él con mayor poder que el que jamás he tenido. Este sentimiento se acopla con una emoción que corre por todo mi cuerpo respecto a lo que el futuro guarda particularmente para mi y el Cuerpo de Cristo en general al compartir a Cristo con el mundo.

Ahora leo este volumen con un lamento real, pero desvaneciente, respecto a por qué no me ha sido presentado hace 55 años cuando comenzaba mi ministerio. Es un lamento que se desvanece debido a que sé que Dios puede recuperar para mi todos esos años perdidos o limitados a la falta de conocimiento de estas cosas.

No existe una pequeña medida de expectativas respecto a cómo este libro puede afectar su vida, por eso se lo recomiendo sin ninguna clase de reserva. Leedlo lentamente, leedle en su totalidad, y caminad a través de las enseñanzas de Dios. Creo que los resultados serán sin duda que ¡el cielo invadirá la tierra en vuestra vida!

-Jack R. Taylor
Presidente
Ministerios Dimensiones
Melbourne, Florida

El libro de Bill Johnson *Cuando el Cielo Invade la Tierra*, contiene un mensaje que se necesita muchísimo en la Iglesia de la actualidad. Desafía muchos de nuestros "preconceptos fijos y estructurados". Como Gedeón, Johnson tuvo que comenzar por derrumbar los "postes de Asherah" (Nota del Traductor 1: Asherah: diosa que se adoraba en Canáa) en la yarda que se hallaba en la parte trasera de la Iglesia. Es un hombre que tiene la misión de despertar a la Iglesia. Jamás había sido tan aprehendido por la comprensión de alguien respecto a la importancia del mensaje del reino de Dios desde que, por primera vez conocí a John Wimber.

Todavía tendría que conocer a un pastor que esté mas comprometido con el "evangelismo del poder" que Bill Johnson.

Las historias de las curaciones y milagros realizados por "pequeño viejo" en su iglesia local son verdaderamente sorprendentes. Este libro no se trata de alguna posibilidad teórica, ni de teología irrealista, ni de lo racional respecto a la carencia de poder en la Iglesia. No, a cambio, ofrece estrategias prácticas, intentadas y probadas para despojarse del reino de la oscuridad y avanzar hacia el reino de la luz. Desearía haber conocido al Pastor Bill Johnson muchos años antes en mi vida. Siento que estaría mucho más encaminado y cercano al poder del reino de Dios de lo que estoy actualmente.

Cuando el Cielo Invade La Tierra, debe ser leído por todo pastor y líder de la Iglesia de la actualidad. Este libro fue escrito por la quinta generación de pastores desde la perspectiva Pentecostal - y, que mejor perspectiva que escuchar que aquella que proviene del trabajo del Espíritu Santo, particularmente en lo que respecta a los dones de sanación.

He tenido el privilegio de conocer a muchos pastores de los Estados Unidos de Norteamérica y Canadá a través de los nueve años que estuve viajando. El Pastor Bill Jonson, creo, tiene mucho mas por decir respecto a los conceptos de "evangelismo poderoso" que cualquier otro pastor que jamás haya conocido. Aunque es un pastor de la Asamblea de Dios y no un pastor de la Viña, transporta el ADN de John Wimber mas que nadie que haya conocido jamás. Particularmente cuando se apasiona por curar y por la actividad del Espíritu Santo. Es un pastor radical, un gran maestro, y una voz apostólica de la Iglesia de la actualidad. Su mensaje no es el sonido de un eco, es la voz del que clama en la tierra salvaje, "Preparad el camino para el Reino del Señor, ya que está cerca"

Este libro esta repleto de declaraciones poderosas que desearía haber escrito. Tantas citas maravillosas serán tomadas de este libro - citas tales como la siguiente: "Una de las tragedias de una identidad debilitada es el modo en que enfocamos las Escrituras. Muchos teólogos, sino la mayoría, cometen el error de tomar todo lo bueno contenido en los profetas y lo "barren" debajo de una misteriosa alfombra denominada *Milenio...* Estamos tan afianzados al descreimiento que cualquier cosa contraria al punto de vista de este mundo (la opinión despersonalizada de una Iglesia con un fin débil) es pensamiento que pertenece al demonio.

Otras de las grandes citas de este libro son: "El descreimiento está anclado a lo que es visible o racional, separado de Dios, honra al reino natural como superior a lo invisible, el descreimiento es la fe inferior"; y cuando "la Fe viene por oído, no está diciendo que ha venido por sido escuchada. Es el corazón que escucha, en tiempo presente, que está listo para el deposito de la fe en el cielo... Escuchar es la clave de la fe"

Cuando el Cielo invade la Tierra es un llamado a despertar procedente de la Iglesia. Es un evento destructivo, un acto de cesación, y un desafió a la despersonalización, y un llamado para aquellos que se hallan dentro de la herencia Pentecostal para que retornen a sus raíces. Este libro está solidamente basado en las Escrituras y revela el corazón de un hombre que no solamente ama al Espíritu Santo sino que ama la Palabra de Dios. Con una fresca revelación, Bill Johnson nos conduce hacia las Escrituras y deja que las Escrituras nos hablen. Nos fuerza a ver lo que realmente dicen las Escrituras en vez de ver lo que nuestra ceguera teológicamente correcta nos permite ver.

He estado esperando que Bill terminara de escribir este libro de modo tal que pudiera ofrecerlo en la mesa de mis libros durante mis reuniones. Tiene tanto para decir que evito perder cualquiera de sus prédicas cuando hacemos ministerio juntos. Son demasiado sustanciosas para perdérselas. En estos días de tantos principios y estrategias, es refrescante escuchar que alguien nos llama de regreso a la estrategia de Jesús para el evangelismo.

.–Randy Clark
Global Awakening Ministries (Ministerios Globales Del Despertar)
Conferenciante en la Conferencia Internacional
Autor de, "God Can use Little Ol' Me"(Dios puede usar este "pequeño viejo yo)

Introducción

Hace algunos años, involuntariamente escuché una conversación que me hizo reaccionar mas allá de las palabras. Ocurrió durante la fiesta del cumpleaños número 90 de mi tío David Morken. Junto a una considerable multitud de miembros de la familia, muchos de sus pares del ministerio ser habían reunido para la celebración. Cuando era joven, mi tío David habia sido un solo para "Aimee Semple McPherson" antes de convertirse en misionero en China y Sumatra, y posteriormente se convirtió en la mano derecha de Billy Graham. Sus logros son extremadamente sorprendentes pero son tema de otros tiempos.

Hacia el final de la tarde, vi a algunos de los viejos santos sentados juntos, conversando, notando que el tema era el verter del Espíritu durante el ministerio de "Aimee Semple McPherson" No puede evitar escuchar secretamente. Con entusiasmo juvenil, uno dijo al otro: "Fue como el cielo en la tierra". Allí estaban, después de casi 70 años del hecho, con sus brillantes ojos debido a la memoria de cosas que otras personas muy raramente sueñan. Su experiencia se convirtió en el estándar con el cual todos los otros dias fueron medidos. Me las arreglé para pasar desapercibido. Mi corazón arde por la venida de Dios. Vivo por la resucitación que es demostrable y creo que ha de sobrepasar todos los anteriores movimientos combinados, trayendo mas de 1,000 millones de almas al Reino. A pesar de ello, en este preciso momento, desearía poder retroceder en el tiempo.

Como quinta generación de pastores por parte de la familia de mi padre, y cuarta por parte de la familia de mi madre, crecí escuchando acerca de los grandes movimientos de Dios. Mis abuelos se sentaban alrededor del ministro de "Smith Wigglesworth" y otros notables resucitadores. (Recuerdo que mi abuelo me decía: "A no todos les gusta "Smith Wigglesworth". Por supuesto que todo el mundo lo ama hoy en día. Israel también amo a sus profetas con posterioridad a su fallecimiento).

Mis abuelos Morken recibieron el bautismo en el Espíritu Santo en 1901 y 1903 respectivamente, y les encanta hablar acerca de lo que han visto y han experimentado. Hace mas de 25 años que están en el Cielo. Solo desearía tener otra posibilidad de escuchar sus historias y formularles las preguntas que, como joven, jamas les pregunté. Significaría mucho más para mí ahora. La búsqueda descripta en este libro comienza hace muchos años. Necesitaba ver el Evangelio en la vida así como también impreso.

Para mí, era tan solo el hecho de ser fiel a Dios. Sin embargo, rápidamente se tornó claro que dicha búsqueda seria costosa. Se presentan muchas mala interpretaciones cuando buscamos algo que los otros ignoran.

No podía limitar mis valores y mis búsquedas a lo satisface a otras personas. Estando poseído por una promesa vivo sin opciones. Pasaré el resto de mi vida explorando que es lo que podría haber sucedido a través de la vida de alguien que tiene la voluntad de cultivar el apetito otorgado por Dios para ver las imposibilidades de inclinarse al nombre de Jesús. Todos mis huevos están puestos en una canasta. No existe un plan "B". Y, es desde esta postura, que he escrito este libro.

1

La Vida Cristiana Normal

Resulta anormal para un cristiano no tener un apetito por lo imposible. Ha sido escrito en nuestro ADN espiritual el sentir hambre por las imposibilidades que nos rodean e inclinarnos ante el nombre de Jesús.

Durante un frió y lluvioso sábado, los micros de la iglesia eran enviados a los vecindarios más pobres de nuestra ciudad, Redding, para hallar a los que no tienen vivienda y a los pobres. La novia y el novio anticiparon su regreso con mucha ansiedad y prepararon una comida en su honor. Los necesitados y pobres serian distinguidos huéspedes de su casamiento.

Ralph y Colleen se conocieron mientras estaban trabajando en nuestro ministerio para los pobres. Compartían una pasión por Dios y un amor por los mas necesitados. Aunque es común que la novia y el novio hagan lista de casamiento de comercios ubicados en centros comerciales sofisticados, Ralph y Colleen lo hicieron en Target, y todo lo que colocaron en su *lista* eran sacos, sombreros, guantes, y bolsas de dormir... para entregarlas a sus huéspedes. Este no iba a ser un casamiento típico.

En nuestra reunión anterior al casamiento, la novia y el novio me alentaron a ser sensible con el Espíritu Santo en caso que Él deseara curar a la gente durante el casamiento. Si recibía una palabra de conocimiento respecto a la curación, debía detener la ceremonia y orar por los enfermos. Como pastor, estaba emocionado respecto a ver lo que ocurriría. Ellos habían creado una oportunidad milagrosa demasiado grande como para que Dios no hiciera algo extraordinario..

El casamiento comenzó. Además de un tiempo extendido dedicado a la alabanza, seguido por un mensaje evangélico y una oración para la salvación, la ceremonia terminó de un modo normal.

Es muy diferente ver entre la familia y amigos de la novia y el novio, gente que estaba allí simplemente para obtener una comida. No estaba mal. Tan solo era diferente. Con posterioridad a la ceremonia, la pareja de recién casados se dirigió a la sala de la recepción, se ubicaron detrás de la mesa para servir y colocaron la comida en platos para sus huéspedes. La comida era excelente. Los hambrientos se sintieron satisfechos. Dios estaba complacido.

Pero con anterioridad a que el casamiento comenzara, dos o tres personas se dirigieron a mí con emoción en sus voces. ¡"Aquí hay una persona que solamente tiene dos años y medio o tres para vivir!" Hemos atravesado por un hecho altamente significativo. Los milagros de curación se han tornado más comunes... hasta el punto que una enfermedad que amenaza la vida se parecería mas a un milagro en potencia que algo de lo cual habría que temer. Que en sí mismo es un sueño hecho realidad para mí - ¡gente en los Estados Unidos de Norteamérica esperando algo sobrenatural por parte de Dios!

EL MILAGRO CONTINÚA

Su nombre era Lucas. Como la mayoría de la gente de la calle, él y su esposa Jennifer habían concurrido al casamiento debido a que serviría comida. Lucas caminaba con dificultad, necesitando la ayuda de un bastón. Tenía abrazaderas en cada uno de sus brazos, y una más grande alrededor de su cuello.

Con posterioridad a la comida, mi hermano Bob y yo los llevamos a la cocina de la iglesia, preguntándole a él acerca de las abrazaderas que tenía en cada uno de sus brazos. Nos contó que su problema era el síndrome de túnel carpiano y le pregunté si se sacaría las abrazaderas y nos permitiera orar. Dijo que sí. (Cuando sea posible deseo quitar lo que sea que esa persona confía que no sea Dios) Lo hizo, y colocamos nuestras manos en sus muñecas, ordenándole al túnel que se abriera y que toda la insensibilidad y dolor se fueran. Luego, movió sus manos libremente, experimentando la curación que recién había recibido.

Cuando le preguntamos por su bastón y los problemas obvios que tenía con su pierna, describió el modo en que había sufrido un accidente horroroso; como resultando de ello, tenía una espinilla y la cadera artificiales y aun había perdido la mitad de uno de sus pulmones. Caminaba con mucho esfuerzo y dolor. Cuando los cirujanos lo habían "unido" nuevamente, su pierna había quedado una pulgada más corta. Lo hice sentar y lo alenté como así también a su esposa para que observaran lo que Dios estaba por hacer. Sostuve sus piernas de tal modo como para que pudieran ver el problema y luego reconocer el cambio. Le ordenamos a la pierna que creciera. Creció. Cuando se paró, volcaba su peso de un lado a otro, casi como si se estuviera probando un nuevo par de zapatos, diciendo: "Si, es casi perfecto" La respuesta de una persona que no pertenece a la Iglesia es materia de hecho... y muy refrescante. Le pedí que caminara a través de la habitación, lo cual hizo con mucha alegría, sin renguear y sin dolor. Dios estaba trabajando. Él habia reemplazado una pulgada faltante del hueso y habia quitado el dolor causado por el accidente que Lucas había tenido.

A continuación, le preguntamos acerca de su cuello. Me dijo que tenia cáncer y le habían dicho que solo tenia un par de años de vida. Continuó explicando que la abrazadera era necesaria debido a la pérdida de músculos de su cuello. Esta abrazadera mantenía su cabeza en su sitio. Para ese momento, se habia reunido un grupo, no para observar, sino para participar. A mi solicitud, se quitó la abrazadera mientras otro hombre de nuestra iglesia, un médico, sostenía su cabeza a salvo. A medida que comenzamos a orar, escuché que el doctor ordenaba que crecieran nuevos músculos. Los llamó por sus nombres en latín. Yo estaba impresionado. Cuando habíamos concluido, Lucas giró su cabeza de lado a lado. Todo había sido restaurado. Luego, Lucas colocó su mano sobre un costado de su cuello y exclamó: "!

Los bultos han desaparecido!" Su doctor le entregó un informe que expresaba que estaba curado y los milagros continuaron mas allá de la curación física. Lucas y Jennifer comenzaron a servir a Jesús como su Señor y Salvador. En unas pocas semanas, Lucas consiguió un trabajo, la primera vez que habia trabajado en 17 años. Jesús cura a la persona en su totalidad.

TAN SOLO UN DÍA MÁS

Aunque esta clase de casamientos sigue siendo inusual, la búsqueda deliberada de nuestra iglesia respecto a los pobres y a los milagros es común. Esta historia es verdadera, y se halla mas cerca de la vida cristiana *normal* que lo que la Iglesia normalmente experimenta. La falta de milagros no sucede debido a que Dios no tiene voluntad para con nosotros. El problema existe entre nuestros oídos. Como un resultado, se necesita una transformación - *una renovación de la mente* - y solo es posible a través del trabajo del Espíritu Santo quien, típicamente, viene entre la gente desesperada.

El novio y la novia mencionados con anterioridad, aunque nobles, son gente común que sirve a un Padre extravagante. No hubo ninguna gran persona involucrada excepto por Jesús. El resto de nosotros simplemente hizo lugar para Dios, creyendo que Él es bueno el 100% del tiempo. Los riesgos que el novio y la novia tomaron significaron mas de lo que Dios hubiera podido dejar pasar. En medio de la celebración matrimonial, Dios invadió un hogar marcado por una enfermedad infernal y estableció un testimonio de Su gloria.

Historias de esta naturaleza se están convirtiendo en norma, y la compañía de la gente que se ha unido a esta búsqueda de un evangelio autentico - *el evangelio del Reino* - está creciendo. Amar a Dios y a Su pueblo es un honor. Ya no buscaremos excusas para la impotencia ya que impotencia es inexcusable. Nuestro mandato es simple: criemos una generación que pueda abiertamente desplegar la fuerza plena de Dios. Este libro se trata acerca de la jornada... la búsqueda del Rey y de su Reino.

El Reino de Dios no es materia de discusión sino de poder[1]

Primero busquen el reino de Dios...[2]

NOTAS DE CIERRE

1. PRIMERA CARTA A LOS CORINTIOS. 4:20 NIV.
2. EVANGELIO SEGÚN SAN MATEO. 6:33.

2

La Restauración de la Comisión

"Jesús de Nazareth, un Hombre avalado por Dios para ti por medio de milagros, maravillas, signos y señales, que Dios ha realizado mediante Él, contigo en medio..."[1].

Jesús no pudo curar a los enfermos. Tampoco pudo liberar a los atormentados de los demonios o resucitar a los muertos. Creer de otra manera, significa ignorar lo que Él dijo acerca de Sí mismo, y lo más importante, se perdería el propósito de Su restricción auto impuesta de vivir como un hombre.

Jesucristo dijo de Sí mismo, "El Hijo no puede hacer nada"[2]. En idioma griego, la palabra nada tiene un significado único - significa NADA ¡tal cómo el significado que tiene en el idioma ingles! ¡No tenia ninguna capacidad sobrenatural de NINGUNA clase! Mientras Él es 100 por ciento Dios, Él escogió vivir con las mismas limitaciones que el hombre enfrentaría una vez que Él fuera redimido. Enfatizó ese punto una y otra vez. Jesús se transformó para todos aquellos que desearan aceptar la invitación para invadir lo imposible en Su nombre. Él hizo *milagros, maravillas y signos,* como un hombre que se halla en relación correcta con Dios... no como Dios. Si Él hubiera hecho milagros porque Él era Dios, entonces si seria imposible para nosotros. Pero si los hizo como hombre, yo soy responsable por seguir Su estilo de vida. Recapturar esta simple verdad cambia todo... y hace posible una restauración completa del ministerio de Jesús en Su Iglesia.

¿Cuáles eran las distinciones de Su humanidad?
1.   No tenia pecado que lo separara del Padre
2.   Era completamente dependiente del poder del Espíritu Santo que trabajaba a través de Él

¿Cuáles eran las distinciones de nuestra humanidad?
1.   Somos pecadores "limpiados" por la sangre de Jesús. A través de Su sacrificio Él pudo exitosamente tratar con el poder y efecto del pecado para todos aquellos que creen. Ahora nada nos separa del Padre. Solo queda un

tema inconcluso.

2.   ¿Cuán dependientes del Espíritu Santo tenemos la voluntad de vivir?

LA COMISIÓN ORIGINAL

La principal columna de la autoridad y el poder del Reino se halla en la COMISIÓN, descubriendo la comisión original de Dios y el propósito para que la humanidad pueda ayudar a fortificar nuestra resolución a una vida de cambio de importancia histórica. Que para encontrar que la verdad debemos volver al comienzo.

El hombre fue creado a imagen de Dios y colocado en la última expresión de belleza y paz, el Jardín del Edén. Fuera de ese jardín existía una historia diferente, que existía sin la orden y la bendición contenidas dentro del jardín, y que necesitaba enormemente del toque de del delegado de Dios - Adán.

Adán y Eva fueron colocados en el Jarrín con una misión, Dios les dijo: "Seis fructíferos, y multiplicaos, llenad la tierra y someteros a ella"[3]. Era la intención de Dios que tuvieran más hijos, que también vivieran bajo la ley de Dios, estarían extendiendo los limites de Su jardín (Su gobierno) a través de la simplicidad de su devoción hacia Él. Cuanto mayor fuera la cantidad de gente que tuviera una relación correcta con Dios, mayor sería el impacto de su liderazgo. Este proceso debía continuar hasta la tierra entera fuera cubierta con la norma gloriosa de Dios a través del hombre.

Pero en el Libro del Génesis, Capitulo 1, descubrimos que no es un universo perfecto. Satanás se ha revelado y ha sido echado del paraíso, y con él, una porción de ángeles caídos obtuvo el dominio de la tierra. Resulta obvio la razón por la cual el resto del planeta necesitaba someterse - ya que se hallaba bajo la influencia de la oscuridad 4. Dios pudo haber destruido al demonio y a su anfitrión con una palabra, pero en vez, Él optó por vencer a la oscuridad a través de Su autoridad delegada - aquellos hechos a Su imagen quienes eran amantes de Dios por elección.

LA HISTORIA DE UN ROMANCE

El Soberano nos colocó - hijos de Adán - a cargo del planeta tierra. "El cielo, aun los cielos son del SEÑOR; pero Él ha dado la tierra a los hijos del hombre"[5]. Se eligió el mayor de los honores debido a que el amor siempre escoge lo mejor. Ese es el comienzo del romance de nuestra creación... creada a Su imagen, para tener *intimidad*, para que ese dominio pudiera ser expresado a través de amor. Es a partir de esta revelación que debemos aprender a caminar como Sus embajadores, de este modo, venciendo al "Príncipe de este mundo". El escenario fue determinado para el cayera la oscuridad a medida que el hombre ejercía Su influencia de dios sobre la creación. Pero a cambio, el hombre cayó.

Satanás no fue violentamente al Jardín del Edén y tomó posesión de Adán y Eva. ¡No podía! ¿Por qué? Porque no tenia ningún dominio allí. El dominio otorga poder. Y, desde que al hombre se le habían entregado las llaves del dominio sobre el planeta, el demonio tendría que haberle quitado la autoridad. La sugerencia de comer la fruta prohibida fue simplemente un esfuerzo del demonio para que Adán y Eva se pusieran de acuerdo con él en contra de Dios, de este modo, otorgándole poder a él. A través de dicho acuerdo él es capaz de *matar, robar y destrozar*. Es importante darse cuenta pues que aun en día, satanás tiene dichos poderes a través del acuerdo que hizo con el hombre.

La autoridad de la humanidad para regir fue penalizada cuando Adán comió del fruto prohibido. Pablo dijo: "Vosotros sois los esclavos de aquel que obedecéis" [6]. Por ese único acto, la humanidad se transformó en esclava y posesión del demonio. Todo lo que Adán poseía, incluyendo la "escritura" del planeta con su correspondiente posición de regidor, pasó a ser estropeado por el demonio. El plan predeterminado de Dios respecto a redención, inmediatamente se puso en marcha: "Pondré enemistad entre tú y la mujer, y entre tu simiente y la de ella; golpeará tu cabeza y tú le golpearás el calcañar" [7]. Jesús vendría a reclamar todo lo que se había perdido.

NO HUBO ATAJOS EN SU VICTORIA

El plan de Dios respecto a la gobernancia del hombre nunca se detuvo. Jesús vino a revelar la penalidad por el pecado y a recuperar todo lo que se había perdido. En el Evangelio según San Lucas 19:10 dice que Jesús vino "para buscar y salvar lo que se había perdido" No solamente el hombre había perdido frente al pecado sino que su dominio sobre el planeta tierra también se había perdido. Jesús vino a recuperar a ambos. Satanás intentó arruinar ese plan al final del día número 40 del ayuno de Jesús. El demonio sabía que no era digno de la alabanza de Jesús, pero también sabía que Jesús había venido a reclamar la autoridad que el hombre había perdido. Satanás le dijo a Jesús: "Os daré toda esta autoridad y su gloria, ya que me ha sido entregada, y por ende, se la doy a quien yo quiera, por lo tanto si me alabas, toda será tuya" [8]. Observad la frase "ya que me ha sido entregado a mí" Satanás no la pudo robar, había sido "renunciada" cuando Adán abandonó la norma de Dios. Fue como si satanás le estuviera diciendo a Jesús: "Sé por lo que Tú has venido. Tú sabes lo que yo quiero. Alábame y te regresaré las llaves." En efecto, satanás le ofreció a Jesús un atajo respecto a Su objetivo de recuperar las llaves de autoridad que el hombre perdió a través de pecado. Jesús dijo "no" al atajo y se negó a brindarle honor alguno. (Fue este mismo deseo de alabanza que provocó que satanás cayera del cielo en primer lugar [9]) Jesús mantuvo Su curso, ya que había venido para morir.

El Padre deseaba que satanás fuera vencido por el hombre... aquel hecho a Su imagen. Jesús, quien derramaría Su sangre para redimir a la humanidad, se despojó a Sí mismo de Sus derechos como Dios y asumió por Sí mismo las limitaciones del hombre. Satanás fue vencido por un hombre - el Hijo del Hombre, quien estaba correctamente relacionado con Dios. Ahora, debido a que la gente recibe el trabajo de Cristo en la cruz para la salvación, se torna en parte de esa victoria. Jesús venció al demonio con Su vida sin pecado, lo venció con Su muerte "pagando" por nuestros pecados con Su sangre, y nuevamente, en la resurrección, elevándose triunfante con las llaves de la muerte y del infierno.

HEMOS NACIDO PARA REGIR

Al redimir al hombre, Jesús recuperó lo que el hombre había perdido. Desde el trono del triunfo, Él declaró: "Toda la autoridad me ha sido dada a Mí en el cielo y en la tierra. Ved pues..." 10. En otras palabras: *He recuperado todo. Ahora ved y usadlo y reclamadlo a la humanidad.* En este párrafo, Jesús cumple la promesa que le había hecho a Sus discípulos cuando Él dijo: "Os daré las llaves del reino del cielo"11. El plan original nunca fue eliminado, fue plenamente completado de una vez por todas en la resurrección y ascensión de Jesús. Fuimos entonces totalmente restaurados para Su plan relativo a que rigiéramos como personas hechas a Su imagen. Y, como tales, aprenderíamos a poner en vigencia la victoria obtenida en el Calvario: "El Dios de la paz pronto aplastará a satanás bajo Sus pies" [12].

Hemos nacido para regir - regir sobre la creación, sobre la oscuridad, saquear el infierno y establecer la norma de Jesús dondequiera que vayamos predicando el evangelio del Reino. *Reino* significa: *El dominio del Reino.* En el propósito original de Dios, la humanidad regía sobre la creación. Ahora que el pecado ha entrado al mundo, la creación ha sido infectada por la oscuridad, la enfermedad, los espíritus afligidos, la pobreza, los desastres naturales, la influencia demoníaca, etc. Aun regimos sobre la creación, pero ahora debemos concentrarnos en exponer y deshacer las obras del demonio. Debemos dar lo que hemos recibido para alcanzar ese fin. [13]. Si realmente recibo poder a partir de un encuentro con el Dios del poder, estoy pues equipado para entregarlo. La invasión de Dios en situaciones imposibles viene a través de la gente que ha recibido poder de Dios y ha aprendido a utilizarlo en las circunstancias de la vida.

LA LLAVE DE DAVID

El evangelio de la salvación debe "tocar" al hombre en su totalidad: espíritu, alma y cuerpo. John G. Lake lo denominó como *la Salvación de la Santísima Trinidad.* Un estudio de la palabra *demonio* confirma el intento de búsqueda de Su redención. La palabra se encuentra en el Evangelio según San Mateo 6:13 (Versión del Rey Jaime), "Líbranos de todo mal" La palabra *demonio* representa la maldición del pecado sobre el hombre. *Poneros,* la palabra griega para demonio, deriva de la palabra *ponos,* que significa dolor. Y la palabra vino de la palabra raíz *penes,* que significa pobre. Observad pues: *demonio*-pecado, *dolor*-enfermedad y *pobre*-pobreza. Jesús destruyó el poder del pecado, la enfermedad y la pobreza a través de Su obra de redención en la cruz. Respecto a la comisión de Adán y Eva de someter a la tierra, ellos no sufrían enfermedad, pobreza ni pecado. Ahora que hemos sido restaurados a Su propósito original, ¿deberíamos esperar algo más? Después de todo, ¡esto se denomina el mejor convenio!

Se nos han dado las llaves del Reino [14] - que, en parte, es la autoridad *para pisotear todos los poderes del infierno.*[15] Existe una única aplicación de este principio que se funda en la frase *llave de David,* [16], la cual es mencionada tanto en el Libro de la Revelación como en el Isaías. El Diccionario de la Biblia de Ungers expone: "El poder de las llaves no solo consiste de la supervisión de las cámaras reales, sino de la decisión respectiva a quien debía o no debía ser recibido en el servicio del Reino" [17]. Todo lo que el Padre tiene es nuestro a través de Cristo. Su completo tesoro aloja los recursos. Sus cámaras reales, se hallan a nuestra disposición a los fines de cumplir Su comisión. Pero la parte más solemne de esta ilustración se halla en *controlar quien entra a ver al Rey.* ¿No es eso lo que hacemos con este evangelio? Cuando exponemos el evangelio, le damos la posibilidad a la gente para que venga al Reino y sea salvada. Cuando nos quedamos en silencio, hemos optado por descartar a aquellos que pueden escuchar la buena noticia, dejándolos fuera de la vida eterna. ¡Verdaderamente solemne! Fue una llave costosa para Él, y es una llave costosa para que nosotros la utilicemos. Pero es aun más costoso *enterrarla y no obtener un incremento por la venida del Rey.* Ese precio se sentirá a través de toda la eternidad.

UNA REVOLUCIÓN DE IDENTIDAD

Es tiempo que suceda una revolución en nuestra visión. Cuando los profetas nos dicen, *tu visión es demasiado pequeña,* muchos de nosotros pensamos que el antídoto es aumentar cualesquiera cifras que tengamos en nuestras expectativas. Por ejemplo: si tenemos la expectativa que 10 individuos se van a convertir, cambiémosla por 100. Si estamos orando por ciudades, oremos, en vez, por países. Con tales respuestas, estamos perdiendo "el borde afilado" de la palabra frecuentemente repetida. Incrementar las cifras no es necesariamente una señal de una visión más amplia de la perspectiva de Dios. La visión comienza con la identidad y el propósito. A través de una revolución en nuestra identidad, podemos pensar con propósito divino. Tal cambio sucede con Su revelación

Una de las tragedias de la identidad debilitada es el modo en que afecta nuestro enfoque relativo a las Escrituras. Muchos teólogos, sino la mayoría, cometen el error de tomar todo lo *bueno contenido* en los profetas y arrastrarlo debajo de esa misteriosa alfombra denominada *el Milenio*. No es mi deseo debatir este tema en este momento. Pero si deseo tratar el hecho de que somos propensos a postergar esas cosas que requieren coraje, fe, y acción a otro periodo de tiempo. Esta es idea equivoca: si es bueno, no solo será por ahora.

Un concepto principal en esta teología radica en que la condición de la Iglesia seguirá empeorando cada vez más; por lo tanto, la tragedia que sucede en la Iglesia es otro de los signos que indica que estamos en los últimos días. En un sentido pervertido, la debilidad de la Iglesia confirma a muchas personas que no se hallan en el rumbo correcto.

La condición del mundo que empeora permanentemente y de la Iglesia se torna en una señal para ellos respecto a que todo está bien. Tengo muchos problemas con esa clase de pensamiento, pero solo mencionare uno ahora – *¡no requiere de fe!*

Estamos tan afianzados al descreimiento que se piensa que cualquier cosa contraria al punto de vista del mundo proviene del demonio. Así sucede con la idea de que la Iglesia tiene un impacto dominante con anterioridad a que Jesús regrese. Es casi como si deseáramos defender el derecho a ser un pequeño grupo y *aferrarse a él.* Aferrarse a un sistema de creencia que no requiere de fe es peligroso. Es contrario a la naturaleza de Dios y a todo lo que exponen las escrituras. Debido a que Él tiene planes por encima de *lo que podemos preguntar o pensar,* de acuerdo a Efesios 3:20, Sus promesas por naturaleza, desafían nuestro intelecto y nuestras expectativas. "[Jerusalén] no consideró su propio destino, por lo tanto su caída fue impresionante" [18]. El resultado de olvidar Sus promesas es un resultado que no podemos siquiera considerar.

Con frecuencia, estamos más convencidos de nuestra *falta de dignidad* que del hecho que somos parte de Su dignidad. Nuestra *inhabilidad* se enfatiza más que Su habilidad. Pero el Mismo que llamó al *temeroso Gedeón* un Valiente Guerrero y a *un Pedro inestable,* una Roca, nos ha denominado como el Cuerpo de Su amado Hijo sobre la tierra. Ello debe tener algún sentido.

En el próximo capitulo, veremos como utilizar un don para manifestar Su Reino - provocando que el cielo toque a la tierra.

NOTAS DE CIERRE

1. Libro de los Hechos 2:22.
2. Evangelio según San Juan 5:19.
3. Libro del Génesis 1:28.
4. Libro del Génesis 1:2.
5. Salmos 115:16.
6. Romanos 6:16.
7. Libro del Génesis 3:15.
8. Evangelio según San Lucas 4:6-7.
9. Libro de Isaías 14:12.
10. Evangelio según San Mateo 28:18-19.
11. Evangelio según San Mateo 16:19.
12. Romanos 16:20 NIV.
13. Ver Evangelio según San Mateo 10:8.
14. Ver Evangelio según San Mateo 16:19.
15. Ver Evangelio según San Lucas 10:19.
16. Libro de Isaías 22:22; Libro de la Revelación 3:7.
17. Diccionario Bíblico de Unger, página 629 "Llave" Chicago IL: Moody Press, 1957.
18. Libro de Lamentaciones 1:9.

3

Arrepentios para Ver

La mayoría de los cristianos se arrepienten lo suficiente para ser perdonados, pero no lo suficiente para ver el Reino.

Israel esperaba que su Mesías viniera como el Rey que rigiera sobre todos los demás reyes. Y Él lo hizo. Pero su mala interpretación de la grandeza en Su Reino provoco que les fuera difícil entender como es que Él había nacido sin la fanfarria terrestre y convertirse en siervo de todos los demás.

Esperaban que Él rigiera con puño de hierro. Al hacerlo, ellos finalmente tomarían venganza sobre aquellos que los habían oprimido a través de los tiempos. Muy poco, se dieron cuenta que Su venganza no seria dirigida tanto hacia los enemigos de Israel como a los enemigos del hombre: el pecado, el demonio y sus obras, y las actitudes correctas fomentadas por la religión.

Jesús, el Mesías vino... repleto de sorpresas. Solo el dolor del corazón podía seguirlo respecto a Sus constantes *explicaciones y relatos que se hallaban mas allá de toda comprensión,* sin permanecer ofendido. Su propósito fue revelado en Su mensaje inicial: "Arrepentios, ya que el Reino de Dios está cerca" [1]. Ahora bien, hubo algo que les "hizo bajar la guardia"; ¡Él había traído Su mundo con Él!

MÁS QUE LÁGRIMAS

El arrepentimiento significa mucho mas que llorar sobre los pecados cometidos, o aun el dejar de cometerlos para seguir a Dios. De hecho, el convertirse del pecado a Dios representa mas el *resultado* de un arrepentimiento verdadero que el acto en sí mismo. Arrepentirse significa *cambiar tu modo de pensar,* y es solamente al cambiar nuestro modo de pensar que podemos descubrir el núcleo del ministerio de Jesús - el Reino.

Esto no es tan solo un mandato celestial para que poseamos pensamientos felices. El obedecer este mandato solo es posible para aquellos que se rinden a la gracia de Dios. La mente renovada es el resultado de un corazón que se ha rendido.

UN CAMBIO COMPLETO

El arrepentimiento se define con frecuencia hacer *un cambio completo*. Implica que estaba siguiendo una determinada dirección en la vida y que cambio para seguir otra diferente. Las Escrituras lo ilustran del siguiente modo: "Arrepentios de vuestras obras de muerte... fe hacia Dios"[2]. La fe, entonces, es la corona y la que posibilita el arrepentimiento.

Este mandamiento ha sido predicado enfáticamente en años recientes. El mensaje se necesita en gran escala. El pecado escondido es el talón de *Aquiles de la Iglesia* de esta época. Nos ha mantenido lejos de la pureza que alimenta la audacia y la gran fe. Pero, tan noble como es este objetivo, el mensaje se ha quedado corto. Dios no solo desea nuestro *arrepentimiento sino un verdadero arrepentimiento*. El arrepentimiento no está completo hasta el momento en que visualicemos Su Reino.

COLABORADORES CON CRISTO

El núcleo del arrepentimiento yace en cambiar nuestro modo de pensar hasta que la presencia de Su Reino llene nuestra conciencia. El intento de los enemigos de anclar nuestras afecciones a las cosas que son visibles es fácilmente resistido cuando nuestros corazones son conscientes de la presencia de Su mundo. Dicho estado de conciencia nos ayuda en la tarea de ser colaboradores 3 con Cristo - *destruyendo las obras del demoni.*[4]

Si el Reino está *aquí y ahora*, debemos reconocer pues, que se halla en el reino invisible. Aun estando *a la mano*, nos recuerda que también se halla *dentro de nuestro alcance*. Pablo dijo que el reino invisible es eterno, mientras que el visible es solo temporal.[5] Jesús le dijo a Nicodemo que debería volver a nacer para *ver* el Reino.[6] Lo invisible solo puede ser alcanzado a través del *arrepentimiento*. Fue como si Él hubiera dicho: "Si no cambias el modo en que percibes las cosas, vivirás toda tu vida pensando que lo que ves en lo natural es la realidad superior. Sin cambiar vuestro modo de pensar, nunca veréis el mundo que se halla justo frente a vosotros. "Es Mi mundo, y cumple todos los sueños que jamás habéis tenido. Y Yo lo he traído Conmigo" Todo lo que Él hizo en la vida y en Su ministerio, lo hizo trazándolo desde una realidad *superior*.

VIVIENDO DESDE LO INVISIBLE

"Es la gloria de Dios ocultar una cuestión, pero la gloria de los reyes yace en buscar una cuestión".[7] Algunas cosas son solamente descubiertas por *los que se hallan es estado de desesperación*. La actitud del Reino altamente valorado [8] es lo que marca el corazón de la verdadera *realeza del Reino*.[9] El Dios que colocó el oro en las rocas trajo a Su Reino con Él, pero lo dejó en estado invisible.

Pablo trató este tema en su carta a los cristianos de Coloso. Allí, nos informa que Dios ocultó nuestra abundante vida *en Cristo.*[10] ¿Dónde está Él? *Sentado a la derecha del Padre, en sitios celestiales.*[11]. Nuestra vida abundante esta escondida en el dominio del Reino. Y solamente la fe puede hacer los retiros.

EL DOMINIO DEL REY

Mirad a la palabra Reino - Rei-no. Se refiere al *Dominio del Reino*, implicando autoridad y señoría. Jesús vino a ofrecer los beneficios de Su mundo a todos aquellos que se rindan a Su norma. El área del dominio de Dios, ese área en donde se halla todo lo suficiente, es el área denominada Reino.

Los beneficios de Su norma fueron ilustrados a través de Sus obras de perdón, entrega y curación. La vida cristiana ha sido acarreada hacia este objetivo, verbalizado en la Oración Modelo del Señor: "Venga a nosotros Tu Reino, Hágase Tu voluntad así en la tierra como en el cielo" [12]. Su dominio tiene lugar cuando lo que sucede *aquí es como lo que sucede en el cielo.* (Trataremos este tema mas ampliamente en el Capitulo 4).

EL MEJOR SERMÓN

En el Evangelio según San Matero, capitulo 4, por primera vez, Jesús expuso el mensaje relativo al arrepentimiento. La gente concurría desde todas partes, llevando a los enfermos, a los atormentados y a los discapacitados. Jesús lo curaba a todos.

Con posterioridad a los milagros Él dio el sermón más famoso de todos los tiempos; el Sermón de la Montaña. Es importante remarcar que este grupo de gente tan solo vio a Jesús curar toda clase de enfermedades y realizar poderosas liberaciones. ¿Es posible que en vez de ordenar la nueva forma de pensar, Jesús realmente estaba identificando para ellos la transformación del corazón que recién habían experimentado?

"Benditos sean los pobres de espíritu, ya que de ellos será el Reino de los cielos"[13]. ¿Cómo describiríais a la gente que dejó sus ciudades durante días a la vez, caminando grandes distancias, abandonando todo lo que esa vida involucraba, solamente para seguir a Jesús a algún lugar desolado? Y allí, Él haría lo que ellos habían creído imposible. El hambre de sus corazones "tironeo" de una realidad del corazón de Dios que ni siquiera sabían que existía. ¿Podía su condición hallarse en las Beatitudes? Pienso que sí. Los denomino "pobres de espíritu" Y Jesús le dio la manifestación prometida del Reino con la curación y la liberación. Luego, prosiguió los milagros con el Sermón, ya que era común que Jesús enseñara de modo tal que pudiera explicar lo que Él recién había realizado.

En este caso, la Presencia real del Espíritu de Dios en Jesús despertó el hambre de Dios en la gente. Ese hambre trajo un cambio en sus actitudes sin que fuere necesario decirle que cambiaran. Su hambre de Dios, aun con anterioridad a que pudieran reconocerla como tal, había creado una nueva perspectiva en ellos a la que aun no estaban acostumbrados.

Sin ningún esfuerzo por cambiar, habían cambiado. ¿Cómo? El Reino viene en la Presencia del Espíritu de Dios. Fue Su Presencia lo que ellos detectaron y fue Su Presencia lo que habían ansiado. Para ellos, no importaba si Él estaba haciendo milagros o tan solo predicando otro sermón, tan solo debían estar donde fuere que Él estaba. El hambre es humillante. El hambre de Dios involucra una humildad total. Y Él *los exaltaba en el momento oportuno*[14] con una muestra de Su dominio.

El Sermón de la Montaña es un tratado sobre el Reino. En él, Jesús revela las actitudes que ayudan a Sus seguidores a acceder a Su mundo invisible. Como ciudadanos del cielo, estas actitudes se forman en nosotros de modo tal que podamos aprehender todo lo que Su Reino tiene disponible. Las Beatitudes son en realidad, las "lentes" a través de las cuales se ve el Reino. El arrepentimiento involucra considerar lo que Cristo revelo en estos versos. Él lo podría haber puesto de este modo: *Esta es la forma en que luce la mente arrepentida.*

¡Por favor, tomad nota de la condición de alegría de los ciudadanos de Su mundo que aun no se hallan en el cielo! *¡Benditos significa felices!* La siguiente es un parafraseo personal del Evangelio según San Mateo 5:3-12

3 Felices los pobres de espíritu, porque de ellos es el Reino de los Cielos

4 Felices los mansos, porque ellos poseerán en herencia la tierra

5 Felices los que lloran, porque ellos serán consolados

6 Felices los que tienen hambre y sed de la justicia, porque ellos serán saciados

7 Felices los misericordiosos, porque ellos alcanzarán misericordia

8 Felices los limpios de corazón, porque ellos verán a Dios

9 Felices los que trabajan por La Paz, porque ellos serán llamados hijos de Dios

10 Felices los perseguidos por causa de la justicia, porque de ellos es el Reino de los Cielos

11 Felices seréis cuando os injurien, y os persigan y digan con mentira toda clase de mal contra vosotros por mi causa

12 Alegraos y regocijaos, porque vuestra recompensa será grande en los cielos; pues de la misma manera persiguieron a los profetas anteriores a vosotros.

Examinad el resultado prometido de cada una de las nuevas actitudes – *la recepción del Reino, ser consolados, obtener misericordia, ver a Dios, etc.* ¿Por qué es tan importante que reconozcamos esto? Porque muchas personas interpretan las enseñanzas de *Jesús tan solo como otro modelo de Ley.* Para la mayoría, Él solo trajo un nuevo conjunto de normas. *La Gracia* es diferente de la Ley en cuanto a que el favor viene con *anterioridad* a la obediencia. Bajo la gracia, los mandamientos del Señor vienen totalmente equipados con la habilidad de poder realizarlos... para aquellos que escuchan desde el corazón.[15] *La gracia posibilita lo que ordena.*

EL DOMINIO REALIZADO

El mundo invisible tiene influencia sobre el mundo visible. Si el pueblo de Dios no se aproxima al Reino, el reino de la oscuridad está siempre listo para desplegar su habilidad de influencia. La buena noticia radica en que "*Su* (el del Señor) *Reino rige sobre todas las cosas.*[16]

Jesús ilustró esta realidad en Evangelio según San Mateo 12:28, diciendo: "Pero si por el Espíritu de Dios expulso yo los demonios, es que ha llegado a vosotros el Reino de Dios" Hay dos temas que observar que serán cubiertos con profundidad en alguna otra parte de este libro. En primer lugar, Jesús solo trabajaba a trabes del Espíritu Santo; y, en segundo lugar, el reino de Dios descendía sobre aquel que era liberado. Jesús causaba un enfrentamiento entre dos mundos: el mundo de la oscuridad y el mundo de la luz. ¡La oscuridad *siempre* cede ante el camino hacia la luz! Y, de la misma manera, cuando el dominio de Dios fue liberado a través de Jesús a ese hombre, el hombre se liberó.

SALIR DE LA CONVICCIÓN

Ese mismo enfrentamiento entre la luz y la oscuridad sucede cuando los enfermos son curados. Walter había sufrido dos ataques el año anterior, los cuales lo dejaron sin sensibilidad en toda la parte derecha de su cuerpo. Me mostró una horrible quemadura en su brazo, la que había sufrido sin saber que se estaba quemando. Convicción, una de las palabras utilizadas para detectar fe, [17] comenzó a arder en mi corazón. Mientras que él todavía estaba hablando, comencé a orar por él colocando mi mano sobre su hombro. Tuve que hacerlo de un modo muy apresurado. Había tomado conciencia del Reino donde la parálisis no existe. No deseaba tomar mas conciencia de cuan severo era el problema. Mi oración comenzó, mas o menos, de este modo: *Padre, esta ha sido Tu idea. Tú nos has ordenado orar para que se haga Tu voluntad así en la tierra como en el cielo, y sé que no allí no hay parálisis, de modo tal que debería hallarse aquí. Ordeno en nombre de*

Jesús que las terminaciones nerviosas revivan. Ordeno la completa restauración de la sensibilidad de este cuerpo.

Inmediatamente después que comencé a orar, me dijo que podía sentir mi mano sobre su hombro y que aun podía sentir la tela de mi camisa con su mano derecha. Ese mundo comenzó a enfrentarse con el mundo de la parálisis. La parálisis se había perdido.

La fe es la llave del descubrimiento de la naturaleza superior del reino invisible. Es el "regalo de Dios" que se halla dentro de ti para lo descubras. En el próximo capitulo aprenderemos como la fe trata don lo invisible y hace lugar para la invasión del cielo.

NOTAS DE CIERRE

1. Evangelio según San Mateo 4.17
2. Hebreos 6.1
3. Ver Corintios 1, 3.9
4. Ver San Juan I, 3.8
5. Ver Corintios 2, 4.18
6. Ver Evangelio según San Juan 3.3
7. Proverbios 25.2
8. Ver Evangelio según San Mateo 5.6
9. Ver Libro de la Revelación 1.5
10. Ver Colosos 3.3
11. Ver Efesios 1.20
12. Evangelio según San Mateo 6.10
13. Evangelio según San Mateo 5.3
14. Ver Pedro I, 5.6
15. Ver Jaime/ Santiago 1.21-25
16. Salmos 103.19
17. Ver Hebreos 11.1 (Versión del Rey Jaime)

4

La Fe - Anclada en lo Invisible

"Ahora bien, la fe es la sustancia de la esperanza, la evidencia de lo invisible"[1]

La Fe es el espejo del corazón que refleja las realidades de un mundo invisible- la sustancia real de Su Reino. A través de la oración de fe, somos capaces de atraer la realidad de Su mundo a este mundo. Esa es la función de la fe

La fe tiene su ancla en el reino invisible. Vive *desde* el mundo invisible *hacia* el mundo visible. La Fe puede hacer real lo que realiza. Las Escrituras contrastan la vida de fe con las limitaciones de la visión natural.[2] La fe le da ojos al corazón.

Jesús espera que la gente vea desde el corazón. Una vez, denomino *hipócritas* a un grupo de lideres religiosos debido a que podían discernir el clima pero no podían discernir los tiempos. Es obvia la razón por la cual Jesús preferiría que la gente reconozca los *tiempos* (el clima y las estaciones espirituales) y los distinga de las condiciones climáticas naturales, pero no resulta tan aparente el motivo por el cual Él los había considerado hipócritas si ellos no se consideraban de ese modo.

Muchos de nosotros hemos pensado que la habilidad de ver dentro del reino espiritual es mas el resultado de un don especial que un potencial en desuso de cualquier persona. Les recuerdo que Jesús dirige este mensaje a los Fariseos y Saduceos (secta religiosa judía.) El propio hecho que a ellos, de entre todos los pueblos, les fuere requerido ver la evidencia que a todas las personas se le ha dado esta habilidad. Se volvieron ciegos a Su dominio debido a sus propios corazones corruptos y fueron juzgados por la falta de cumplimiento de su potencial

Nacemos nuevamente por la gracia a través de la fe.[3] La experiencia de nacer de nuevo nos posibilita ver desde el corazón.[4] Un corazón que no ve es un corazón duro.[5] El intento de la fe nunca fue solamente introducirnos *a* la familia. A cambio, es la naturaleza de la vida en esta familia. La fe ve. Trae Su Reino a nuestra atención. Todos los recursos del Padre, todos Sus beneficios son accesibles mediante la fe.

A los fines de incentivar en nosotros nuestra capacidad de ver, Jesús dio instrucciones especificas, "Buscad primero el reino de Dios...".[6] Pablo nos enseñó, "Colocad vuestra mente en las cosas del cielo, no en las cosas de la tierra".[7] También expuso lo siguiente: "[7]Ya que las cosas que vemos son temporales, mientras que las que no vemos son eternas.".[8] La Biblia nos instruye respecto a volcar nuestra atención hacia lo invisible. Este tema se repite suficientemente en las Escrituras con el propósito de hacer que algunos de nosotros, que estamos "atados" por la lógica de esta cultura occidental, bastante nerviosos.

Aquí yace el secreto del reino sobrenatural que deseamos restaurar en la Iglesia. Jesús nos dijo que Él solamente hacia lo que Él *veía* hacer por el Padre. Dicha declaración es vital para aquellos que desean más. El poder de Sus acciones, por ejemplo, el barro en los ojos del ciego, se halla afianzado en Su habilidad de ver.

ALABANZA Y ESCUELA DE FE

Dios esta muy comprometido a enseñarnos a ver. Para hacerlo posible, nos ha entregado al Espíritu Santo como Tutor. El currículo que utiliza es bastante variado. Pero aquel para el que todos nosotros calificamos es él más grande de los privilegios cristianos - la alabanza. Aprender *a ver* no es el propósito de nuestra alabanza, sino un producto maravilloso derivado de la misma.

Aquellos que alaban en espíritu y fe, tal como lo menciona el Evangelio según San Juan 4:23,24 aprenden a seguir la guía del Espíritu Santo. Su reino es denominado reino de Dios. El trono de Dios, que se establece a través de *las alabanzas de Su pueblo*.[9] es el centro del Reino. Es en el entorno de la alabanza que aprendemos las cosas que se hallan mas allá de la comprensión de nuestro intelecto[10] - y la lección más grande es el valor de Su Presencia. David estaba tan afectado por esto que todos los acontecimientos que habían vivido palidecían en comparación con el abandono de su corazón en Dios. Sabemos que él aprendió a ver dentro del reino de Dios debido a declaraciones tales como, "Siempre he colocado al Señor delante de mí; porque Él se encuentra en mi mano derecha y no me moveré".[11]. La Presencia de Dios afectaba su modo de ver. Él practicaba constantemente reconociendo la Presencia de Dios. Veía a Dios todos los dias, no con sus ojos naturales sino con los ojos de la fe. La revelación que "no tiene precio" había sido dada al alabador.

El privilegio de la alabanza constituye un buen sitio para comenzar para aquellos que no están acostumbrados a considerar algunas de estas clases de temas que se hallan en las Escrituras. Es en ese ministerio maravilloso que podemos aprender a prestar atención a este don maravilloso dado por Dios: la habilidad de ver con el corazón. A medida que aprendemos a alabar con pureza de corazón, nuestros ojos se seguirán abriendo. Y podemos ver entonces lo que Él desea que veamos.

VIENDO LO INVISIBLE

El reino invisible es superior al natural. La realidad del mundo invisible domina el mundo natural donde vivimos... tanto positiva como negativamente. Debido a que lo invisible es superior a lo natural, la fe esta anclada a lo invisible.

La fe vive dentro de la voluntad revelada de Dios. Cuando tengo concepciones erróneas respecto a quien es Él y a como es, mi fe se restringe debido a esas concepciones equivocas. Por ejemplo, si creo que Dios permite la enfermedad a los fines de fortalecer el carácter, no tendré confianza cuan oro en la mayoría de las situaciones donde se requiere de curación. Pero, si creo que la enfermedad es para el cuerpo como el pecado es para el alma, luego, no habrá enfermedad que me intimide. Es mucho más fácil desarrollar la fe cuando verdaderamente vemos que al corazón de Dios como bueno.

Las mismas concepciones equivocas sobre Dios afectan a aquellos que necesitan tener fe para sus propios milagros. Una mujer que necesitaba un milagro, una vez me dijo que sentía que Dios había permitido su enfermedad con algún propósito. Le dije que si yo trataba a mis hijos de ese modo, seria arrestado por abuso a menores. Ella estuvo de acuerdo y eventualmente me permitió orar por ella. Con posterioridad a que la verdad entró en su corazón, su curación llegó minutos más tarde.

El descreimiento esta anclado a lo que es visible o razonable independientemente de Dios. Honra al reino natural como si fuera superior al invisible. El apóstol San Pablo expone que lo que podemos ver es temporal, pero lo que no podemos ver es eterno.[12] El descreimiento es la fe en lo inferior.

El reino natural es el ancla del descreimiento. Pero ese reino no debe ser considerado como demoníaco. En vez, la humildad del corazón reconoce la mano de Dios a trabes de lo que ve. Dios ha creado todas las cosas para que hablen de Él - sean ríos, árboles, o los Ángeles y el cielo. El reino natural trae consigo el testigo de Su grandeza... para aquellos que tienen ojos para ver y oídos para escuchar.[13]

REALISTA/ MATERIALISTA

La mayoría de la gente que he conocido que están llenos de descreimiento se denominan a sí mismos *realistas*. Esta es una evaluación honesta, pero no una de la que podamos estar orgullosos. Estas clases de realistas creen mas en lo que es visible que en lo que no pueden ver. Puesto de otro modo, creen que el mundo material rige sobre el mundo espiritual.

Se piensa que el materialismo es simplemente la acumulación de objetos materiales. Aunque incluye todo ello, es mucho más. Puedo no tener nada y aun ser materialista. Puedo no desear nada y ser materialista debido a que el materialismo es la fe en lo natural como la realidad superior.

Somos una sociedad sensible con una cultura estructurada para que escojamos a través de los sentidos. Somos entrenados para creer solamente en lo que vemos. La fe real no es vivir en negación del reino de lo natural. Si el doctor dice que tú tienes un tumor, seria sonso simular que el tumor no se halla allí. Eso no es fe. Sin embargo, la fe se funda en una realidad que es superior a ese tumor. Puedo reconocer la existencia de un tumor y aun tener fe en el suministro de Su poder para mi curación... He sido provisionalmente curado hace 2000 años. Es el resultado del reino de los cielos - una realidad superior. No hay tumores en el cielo, y la fe trae la realidad a este.

¿Le gustaría a satanás infligir el cielo con cáncer? Por supuesto que le gustaría. Pero no tiene dominio allí. Solamente tiene dominio aquí cuando y donde el hombre ha llegado a un acuerdo con él.

VIVIENDO EN LA NEGACIÓN

El miedo a aparentar vivir en negación es lo que mantiene a muchas personas alejadas de la fe. ¿Por qué es lo que uno piensa tan importante que tú no tendrías la voluntad para arriesgar todo confiando en Dios? El miedo del hombre está muy fuertemente asociado con el descreimiento. Por lo tanto, el miedo a Dios y a la fe está muy estrechamente relacionado.

La gente de fe también es realista. Tan solo tienen su fundamento en una realidad superior.

El descreimiento es en realidad tener fe en algo que no sea Dios. Él es celoso de nuestros corazones. Aquel, cuya fe primaria se halla en alguien mas, provoca dolor en el Espíritu Santo.

NO SE HALLA EN LA CABEZA

La fe nace del espíritu en los corazones de la humanidad. La fe no es intelectual ni anta intelectual. Es superior al intelecto. ¡La Biblia no dice que *el hombre cree con la mente!* A través de la fe, el hombre es capaz de llegar a un acuerdo con la mente de Dios.

Cuando sometemos las cosas de Dios a la mente del hombre, los resultados son el descreimiento y la religión[14]. Cuando sometemos la mente del hombre a las cosas de Dios, terminamos teniendo fe y una mente renovada. La mente es una sierva maravillosa, pero una terrible maestra.

Mucha de la oposición a la resucitación procede de cristianos conducidos por el alma.[15] El apóstol San Pablo lo denomina *carnal*. No han aprendido a ser guiados por el Espíritu. Cualquier cosa que no tiene sentido para su mente racional se halla automáticamente en conflicto con las Escrituras. Esta manera de pensar es aceptada en toda la Iglesia de la civilización occidental, la cual debería explicar por que nuestro Dios tan frecuentemente luce como nosotros.

La mayoría de los objetivos de la iglesia moderna pueden ser cumplidos sin Dios. Todo lo que necesitamos es gente, dinero y un objetivo en común. La determinación puede lograr grandes cosas. Pero el éxito no es necesariamente un signo que indique que el objetivo vino de Dios. Existe muy poco en la vida de la iglesia que asegure que estamos siendo dirigidos y fortalecidos por el Espíritu Santo. Volver al ministerio de Jesús es el único seguro relativo al cumplimiento de dicho objetivo.

LA FE A PARTIR DE UNA RELACIÓN

El Espíritu Santo vive en mi espíritu. Ese es el *lugar* de comunión con Dios. A medida que aprendemos a recibir de nuestros espíritus, aprendemos a ser guiados por el Espíritu.

"Por fe, comprendemos"[16] La fe es el fundamento del intelectualismo verdadero. Cuando *aprendemos a aprender* ese modo, nos abrimos a crecer en la fe verdadera debido a que la fe no requiere de comprensión para funcionar.

Estoy seguro que la mayoría de vosotros habéis tenido esta experiencia - vosotros habéis estado leyendo la Biblia y de repente un versículo *os llama la atención*. Existe gran emoción respecto a este versículo que parece daros tanta vida y aliento. Aun así, vosotros no pudisteis enseñar o explicar ese versículo si vuestra vida dependiera de él. Lo que ocurrió fue lo siguiente: Vuestro espíritu recibió el poder que da vida de la palabra del Espíritu Santo.[17] Cuando aprendemos a recibir desde nuestro espíritu, nuestra mente se torna en un estudiante y por lo tanto, es sometida al Espíritu Santo. A través del proceso de revelación y experiencia nuestra mente, eventualmente, alcanza el entendimiento. Esa es la enseñanza bíblica - el espíritu influenciando la mente.

LA FE ES TANTO SUSTANCIA COMO EVIDENCIA

"Ahora bien, la fe es la sustancia de las cosas en las cuales tenemos esperanza, la evidencia de las cosas que no se ven."[18]

La fe es el espejo del corazón que refleja las realidades de Su mundo en el nuestro. Es la sustancia de reino que no se ve. Este don maravilloso de Dios representa la manifestación terrestre inicial de aquello que existe en Su Reino. Es un testimonio de un reino invisible denominado Reino de Dios. A través de la oración, podemos unir esta realidad con la nuestra - ese es el modo en que funciona la fe.

Si voy a donde venden pizza y ordeno una pizza, me darán un numero y un recibo. Debo colocar ese numero en un sitio conspicuo sobre la mesa. Alguien puede entrar desde la calle y venir a mi mesa y decirme que no me darán ninguna pizza. Simplemente señalare el numero y le diré, *¡Cuando la pizza numero 52 este lista, es mía!* Ese numero es la *sustancia* de la pizza por la cual había estado esperando. Si ese hombre me dice que el numero no es bueno, señalare entonces mi recibo. El recibo verifica el valor del numero. Cuando mi pizza este lista, el mesero caminara buscando mi numero. ¿Cómo es que el producto del cielo sabe donde descender? Busca la sustancia... el numero. Si se suscita un conflicto respecto a la validez del numero, mi recibo, que esta contenido en la Biblia, verifica mi derecho tanto a numero como a la pizza.

El Cielo no se mueve simplemente por las necesidades del hombre. No es que a Dios no le importe. Fue por Su compasión que envió a Jesús. Cuando Dios es "tocado" por la necesidad humana Él raramente resuelve el problema en forma directa; en vez, Él provee los principios del Reino que, cuando son considerados, corrigen los problemas. Si Dios fuera "tocado" únicamente por la necesidad humana, luego los países como India y Haití se tornarían en los países más ricos del mundo. No funciona de ese modo. El Cielo se mueve por la fe. La fe es moneda corriente del cielo.

UN RESUMEN DE FE

El siguiente es un resumen de los efectos de la fe fundados en Hebreos 11:2-30:

Por la fe— Porque por ella alcanzaron buen testimonio los antiguos,
 — Por la fe entendemos,
 — Enoc fue traspuesto por haber agradado a Dios,
 — Noe se transformo en heredero,
 — Abraham sobrevivió y habito en la tierra prometida.
 — Sara, siendo estéril, recibió fuerza para concebir; y dio a luz aun fuera del tiempo de la edad, porque creyó que era fiel quien lo

había prometido.

Por la fe — Abraham recibió promesas,

— Isaac bendijo a su hijo,

— Por la fe José, al morir, mencionó la salida de los hijos de Israel, y dio mandamiento acerca de sus huesos

Por la fe — Por la fe Moisés, cuando nació, fue escondido por sus padres por tres meses, porque le vieron niño hermoso

— Por la fe Moisés, hecho ya grande, rehusó llamarse hijo de la hija de Faraón, escogiendo antes ser maltratado con el pueblo de Dios,

Por la fe — se cayeron los muros de Jericó,

— Rahab no pereció

Por la fe — conquistaron reinos,

— hicieron justicia,

— obtuvieron promesas,

— cerraron las bocas de los leones,

— apagaron fuegos impetuosos,

— evitaron el filo de la espada,

— fueron fortalecidos,

— fueron hechos valientes en batalla,

— pelearon contra sus enemigos.

LA FUENTE DE LA FE

"La fe viene por medio del oído..."[19] No dice que venga por *haber oído*. Es el corazón que tiene la actitud de escuchar, en el tiempo presente, que esta listo para el depositó de la fe en el cielo.

Al apóstol San Pablo le fue dando un mandamiento, "Ved a todo el mundo y predicad el evangelio..."[21]. Sin embargo, cuando estaba listo para predicar el evangelio en Asia,[22] Dios le dijo que no lo hiciera. Lo que Dios *había dicho* parecía estar en conflicto con lo que *Dios estaba diciendo.*[23] Pablo luego se preparo para ir a Bithynia. Nuevamente, Dios le dijo que no lo hiciera. A continuación de esta circunstancia, Pablo tuvo un sueño acerca de un hombre que lo llamaba desde Macedonia. Esto fue reconocido como la voluntad de Dios, y allí fueron.

Aunque podemos conocer la voluntad de Dios por medio de las Escrituras, aun necesitamos del Espíritu Santo para que nos ayude con la interpretación, aplicación y fortalecimiento para que podamos hacer Su voluntad.

TEMOR TOTAL

El mandamiento bíblico que se repite con mas frecuencia es: *No temáis*. ¿Por que? El temor ataca el fundamento de nuestra relación con Dios... nuestra fe. El temor es la fe en el demonio: también se le llama descreimiento. Jesús le pregunto a Sus temerosos discípulos, *"¿Por que no tenéis fe?"* Ya que el temor total es lo mismo que la falta completa de fe. El miedo y la fe no pueden coexistir - funcionan uno contra la otra.

Al demonio se lo denomina "Beelzebub" que significa, *señor de las moscas*. Él y sus anfitriones son atraídos por la podredumbre. Una vez tuvimos un congelador en un edificio que estaba separado de nuestra casa. Un domingo, volviendo de la iglesia, nos "chocamos" con un muro de olor que, desdichadamente, es difícil de olvidar. Me di cuenta en un instante lo que había sucedido. Nuestro congelador ya no funcionaba. Pensé que el hedor que había olido durante dias había sido debido a que mis hijos se habían olvidado de sacar toda la basura. En vez, era la carne y oso podrido escondido dentro del congelador.

Desde el asiento delantero de mi automóvil mire la vidriera del comercio que se hallaba a 40 pies de distancia. Estaba negro por las moscas... una cantidad de moscas que es difícil de imaginar aun tantos años después. El congelador estaba lleno con toda clase de carnes. Las moscas habían encontrado una feliz forma de alimentación en la carne podrida y se estaban multiplicando en cantidades increíbles. Sacamos la carne y el congelador a la basura.

Temas tales como la amargura, los celos, y el odio califican como la podredumbre del corazón que invita al demonio a entrar e influir[24] - sí, aun a los cristianos. Recuerden la advertencia de San Pable a los Efesios, "No deis lugar al demonio"[25] El miedo es también la podredumbre del corazón. Atrae al demonio del mismo modo que la amargura y el odio. ¿Cómo supieron las moscas donde estaba mi congelador? A través del olor de la carne podrida. El miedo emite un olor similar. Como la fe, el miedo es sustancia en el reino espiritual. Satanás no tiene poder excepto a través de nuestro acuerdo. El miedo se transforma en la respuesta de nuestro corazón cuando convenimos con sus sugerencias intimidatorias.

REACCIONAD O RESPONDED

Muchas personas que han tenido temor de los excesos hechos por otras personas en nombre de la fe, irónicamente, han caído en el descreimiento. La reacción al error usualmente provoca error. La respuesta a la verdad siempre gana sobre aquellas que reaccionan frente al error. Algunas personas no tendrían un sistema de creencia si no fuera por el error de otros. Sus pensamientos y enseñanzas son las antitesis de lo que otras personas creen y practican. Como resultado de ello, aquellos que luchan por obtener un equilibrio se tornan anémicos. La palabra *equilibrio* ha venido a significar la *mitad del camino* - no amenaza a las personas o al demonio, con poco riesgo, y por sobre todo... la mejor manera de retener su imagen intacta.

La Iglesia advierte a sus miembros acerca del gran pecado de arrogancia, soberbia. Dios nos advierte del pecado del descreimiento. Jesús no dijo, *Cuando regrese, ¿encontraré gente que es excesiva y arrogante?* Él se preocupaba por hallar gente con fe, la clase que Él había demostrado. Mientras que frecuentemente nos agrupamos con gente que tiene nuestra misma opinión, aquellos que tienen fe dejan fuertes huellas que amenazan todas nuestras áreas donde nos sentimos cómodos. La fe ofende a los cómodos.

Es difícil vivir con la gente que tiene mucha fe. Su razonamiento *no es de este mundo*. Mi abuelo, un pastor, se sentaba para escuchar el ministerio de distintos grandes hombres y mujeres de Dios de principios de 1900. Solía contarme que a no todas las personas les gustaba Smith Wigglesworth. Su fe hacia que muchas personas se sintieran incomodas. O bien nos convertimos como ellos y los evitamos. Hallamos sus estilos de vida contagiosos u ofensivos sin fundarnos en un argumento neutral. Smith es una persona muy amada hoy en día... pero es solo porque ha fallecido. Israel también amaba a sus profetas muertos.

Existe algo sorprendente acerca del descreimiento - es capaz de cumplir con nuestras expectativas. El descreimiento es seguro porque no toma riesgos y casi siempre consigue lo que espera. Luego, una vez que la persona tiene la respuesta relativa a su descreimiento, puede decir, *Te lo he dicho.*

UNA REALIDAD SUPERIOR

Mi fe no es tan solo una fe "soportable"; es activa. Es agresiva por naturaleza. Tiene concentración y propósito. La fe toma la realidad del Reino y forzosa y violentamente la trae a "chocar" con realidad natural. Un reino inferior no puede tolerarlo.

Una de las cosas más comunes que la gente me comenta cuando estoy por orar por su sanamiento es; *Sé que Dios puede hacer esto.* Y también lo puede el demonio. En el mejor de los casos eso es esperanza, no fe. La fe sabe que Él lo hará.

Porque para aquel que tiene fe, nada es imposible. No existen las imposibilidades cuando hay fe... y no hay excepciones.

Sheri, por ejemplo, avanzo para orar después de un maravilloso encuentro justo fuera de Nashville, Tennessee. Había sufrido Lupus durante 24 años, en los últimos cuatro años había sufrido de Hipertensión Pulmonar. Había empeorado tanto que tuvieron que colocarle un tubo en el corazón, al cuan se adjuntaba una válvula de bombeo que le suministraba la medicación que necesitaba para mantenerse viva. Su medico le había dicho que sin esa medicación, solo podría vivir durante tres minutos.

Cuando camino hacia mí, realmente sentí la presencia de algo que no había sentido jamás en esa medida con anterioridad. Era fe. En realidad, retrocedí y la observe durante unos momentos dándome cuenta que estaba viendo algo completamente nuevo frente para mí. A medida que recibía la oración, se cayo al suelo bajo el poder de Dios. Cuando se levanto, le pregunte como se sentía. Describió un calor que sentía en su pecho (El calor con frecuencia acompaña el toque de curación de Dios.) Cuándo se iba, le dije, *¡tu fe te ha dado el calor!*

Eso sucedió un sábado a la noche. A las 7 de la mañana de la mañana siguiente, el Señor le habló diciéndole que ya no necesitaba la medicación. [26] Por lo tanto, ella se la quitó. Apareció 14 horas mas tarde dando testimonio del poder de curación maravilloso de Dios.

Desde entonces, el tubo de aluminio se fue quitado - ¡ya no lo necesita!

OÍDOS PARA ESCUCHAR

"Entonces la fe viene a través del oído y el escuchar a través de la palabra de Dios"[27]. Observad que no dice, la *fe viene por haber escuchado*. La naturaleza completa de la fe implica una relación con Dios que es actual. El énfasis esta puesto en escuchar... ¡ahora! En el Libro del Génesis, Dios le dijo a Abraham que sacrificara a Isaac. Cuando Abraham levantó el cuchillo para asesinar a su hijo, Dios hablo nuevamente. Esta vez le dijo que no matara a su hijo, ya que había aprobado el examen de estar dispuesto a hacer cualquier cosa por Dios. Resulto ser una buena cosa que la única conexión de Abraham con Dios no radicara e*n lo había dicho*, sino que se baso en lo que ¡Él *estaba diciendo*!

RESPUESTAS PARA LAS IMPOSIBILIDADES DE LA VIDA

Lo que este mundo necesita es que la Iglesia vuelva a *mostrar y comentar* el mensaje sobre el reino de Dios. Necesitan un ancla que mucho más grande que todo aquello que pueden ver. El sistema del mundo no tiene respuestas para los problemas crecientes del mundo - todas las soluciones son solo temporales.

Dale vino a mi oficina para confesarse. Vivía bastante lejos de mi ciudad, pero debido a que nos había "quitado" algo de dinero, sintió la necesidad de venir y confesarse en persona. Después de haber expresado mi perdón y el de Dios, le pregunte acerca de su espalda. Había entrado a mi oficina con dificultad y obviamente estaba sufriendo gran dolor. Se levanto la camisa para mostrarme dos cicatrices que tenia a cada lado de toda la columna vertebral. Se había quebrado la espalda hacia algunos años y recientemente había sufrido un accidente automovilístico que agravó la herida aun más. Luego me dijo que probablemente a Dios le gustaría curarlo, pero que él se había interpuesto en su camino. Le dije que no era lo suficientemente grande. Todo lo que yo podía ver era la grandeza de Dios y la endeble condición del hombre. Me miró con una mirada aturdida en su rostro. Seguí explicándole que Dios era realmente grande y que podía hacer lo que Él quisiera. Aunque Dale no demostró gran fe, comenzó a dudar de sus dudas. Eso fue todo lo que se necesitaba. Impuse mis manos sobre su espalda. Se inclino colocando sus las palmas de sus manos planas sobre el piso, diciendo, *¡No puedo hacer eso!* Procedió a hacerlo una y otra vez, cada una de las cuales, expresaba *¡No puedo hacer eso!* Cuando se fue, no tenia ningún dolor en su espalda, se movía completamente y su corazón estaba lleno de orgullo. Este fue el hombre que casi no podía caminar solo unos momentos antes.

La fe no es la ausencia de duda, es la presencia del creer. Puede que no siempre sienta que tengo una gran fe. Pero siempre puedo obedecer, imponiendo mis manos sobre alguien y orando. Es un error que alguna vez examine mi fe, con frecuencia no la encuentro. Es mejor para mí obedecer *rápidamente*. Con posterioridad a finalizar, puedo mirar hacia atrás y ver que mi obediencia procedió de la fe.

EL EFECTO "BOMBA DE RACIMO

Cuando el nivel corporativo de fe crece, tiene lo que denomina como efecto de *"bomba de racimo"*, donde individuos inocentes quedan tocados por el poder de la obra milagrosa de Dios.

Francis es una señora que tenia cáncer de esófago. Un domingo por la mañana durante la celebración de la alabanza, se inclino sobre su esposo y le dijo, ¡"Recién he sido curada!" Sintió que el *fuego* de Dios tocaba sus manos y llego a la conclusión que representaba el toque curador de Dios. Cuándo fue a su doctor le comento acerca de la experiencia Su respuesta fue, "Esta clase no se cura" Después de examinarla, expuso, ¡"No solamente no tiene Ud. cáncer, sino que tiene un esófago nuevo!"

La fe corporativa atrae al cielo de formas maravillosas. Su mundo se torna de manifiesto alrededor de todos nosotros.

Sharon había sufrido un accidente hace muchos años en el cual se había roto un tendón que circula en la parte inferior de la pierna. La dejo con movimiento restringido y un adormecimiento parcial en su pie. Estaba convocando a la gente al altar para que se acercaran a Dios en una de las reuniones del sábado por la noche. Ella comenzó a hacer toda clase de ruidos. Detuve la convocación y le pregunte que le sucedía. Me comento el sentimiento de hormigueo que corría por su pierna y la restauración subsiguiente de todos los movimientos y sensibilidad en su pie. Ocurrió un milagro creativo sin que nadie orara. La cantidad de gente que había en esta reunión en particular era bastante pequeña. Pero el poder no viene conforme a la cantidad de gente que concurre a la reunión. Es la cantidad de gente que se pone de acuerdo. El poder exponencial[28] es el resultado de la *unidad de fe.*

En algunas reuniones es fácil confundir el entusiasmo con la fe. En ese entorno, yo aliento el uso de testimonios para sacudir los corazones de la gente a los fines que crean en lo imposible de modo tal que Él pueda invadir.

MÁS QUE HABLAR ALTO

Del mismo modo en que el miedo es un elemento tangible en el mundo espiritual, así lo es la fe aquí en la tierra. En el mundo natural, una voz alta puede intimidar a otro hombre. Pero los demonios conocen la diferencia entre aquel que es verdaderamente audaz y agresivo debido a su fe, y aquel que simplemente cubre sus temores con un comportamiento agresivo. Con frecuencia, los cristianos usan esta táctica para echar a los demonios. Muchos de nosotros hemos gritado amenazas, llamado a ángeles solicitando ayuda, prometido hacerle a los demonios las cosas más difíciles en el Día de Juicio, y otras cosas sonsas solamente para intentar y cubrir un temor inmaduro. La fe real esta anclada en el reino invisible y se halla conectada con la autoridad dada en el nombre del Señor Jesucristo.

La autoridad para echar demonios se halla en el descanso. El descanso es el clima donde crece la fe[29]. Procede de la paz de Dios. ¡Y es el Príncipe de la Paz quien pronto golpeara a satanás debajo de nuestros pies![30] Lo que significa descanso para nosotros es violento para los poderes del infierno. Esa es la naturaleza violenta de la fe.

Este no es un intento procedente del alma para lograr confianza y auto determinación. En vez, es un movimiento del corazón hacia un sitio de rendición... un lugar de descanso. Un corazón rendido es un corazón de fe. Y la fe debe estar presente para satisfacer a Dios.

VIOLENCIA Y FE

"Hasta ahora el reino del cielo sufre violencia, y los violentos lo toman por la fuerza."31

Dos hombres ciegos[32] que estaban sentados al costado del camino llamaron a Jesús. La gente les dijo que se callaran. Ello solamente fortaleció su determinación. Se tornaron mas desesperados y gritaron mas fuerte. Él los llamó y los curo diciendo, "El reino ha venido cerca de vosotros" Él atribuyo su milagro a su fe.

Una mujer[33] que había sufrido hemorragias durante 12 años empujó a través de la multitud. Cuando finalmente le fue posible tocar las vestiduras de Jesús, ella fue curada. Él atribuyó su milagro a su fe.

Las historias de esta clase son muchas, todas con finales similares - fueron curados o liberados debido a su fe. La fe puede "apretar" de un modo calmo, y gritar fuerte, pero siempre es violenta en el mundo espiritual. Toma una realidad invisible y no la deja ir. Tomar al Reino por medio de la fe es el acto violento que se necesita para acceder a lo que Dios ha hecho disponible para nosotros.

LA FE FORTALECE

Un automóvil puede tener varios cientos de caballos de fuerza. Pero el automóvil no ira a ninguna parte hasta que se libere el embrague, conectando la fuerza contenido en el motor en funcionamiento y transfiriendo dicha fuerza a las ruedas. Así sucede con la fe. Tenemos todo el poder del cielo detrás de nosotros. Pero es nuestra fe la que nos conecta con lo que esta disponible conforme a las circunstancias presentes en ese momento. La fe toma lo que se halla disponible y lo convierte en real.

No es ilegal intentar crecer en la fe. No esta mal buscar signos e incrementos de milagros. Todo ello se halla dentro de los derechos del creyente. Pero aprender a orar es la tarea que nos convoca ahora. Es lo único que los discípulos le pidieron a Jesús que les enseñara. Y, entonces, examinamos Sus Oraciones Modelo para comprender Su punto de vista respecto a la oración y la liberación de Su dominio.

NOTAS DE CIERRE

1. Hebreos 11.1
2. Ver Corintios II, 5.7
3. Ver Efesios 2.8
4. Ver Evangelio según San Juan 3.3
5. Ver Evangelio según San Marcos 8.17-18
6. Evangelio según San Mateo 6.33
7. Colosos 3.2
8. Corintios II, 4.18
9. Ver Salmo 22.3
10. Ver Efesios 3.20
11. Salmos 16.8
12. Ver Corintios II, 4.18
13. Ver Romanos I.20-21

14. Interpreto a la religión como una forma sin poder
15. El alma está en la mente, en la voluntad y en las emociones.
16. Hebreos 11.13
17. "La letra mata, pero el Espíritu da vida", Corintios II, 3.6
18. Hebreos 11.1
19. Romanos 10.17
20. Ver Génesis 22
21. Evangelio según San Marcos 16.15
22. Ver Hechos 16
23. Dios nunca contradice Su palabra. Pero está dispuesto a contradecir nuestra comprensión de Su palabra. El principio de la Gran Comisión (Marcos 16.15) no fue anulado por la situación de Hechos 16. Su aplicación del principio fue el objetivo de Dios.
24. Ver Jaime/ Santiago 3.15-16
25. Efesios 4.27 (Versión del Rey Jaime)
26. Cuando me preguntan qué hacer respecto a la medicación, le digo a la gente que haga lo que se halle en sus corazones. No les haría bien hacer aquello en lo que yo tengo fe, o evitar que hicieran lo que pudiere estar afectado por mi descreimiento.
27. Romanos 10.17
28. Ver Deuteronomio 32.30
29. Ver Hebreos 3.11 -4.11
30. Ver Romanos 16.20
31. Evangelio según San Mateo 11.12
32. Ver Evangelio según San Mateo 9.27
33. Ver Evangelio según San Mateo 9.20-22

5

Orando para que el Cielo baje a la tierra

*"Si deseas algo de Dios, deberás orar al cielo.
Allí es donde esta todo. Si vives en el mundo terrenal y esperas recibir por
parte de Dios, nunca obtendrás nada"[1]*

*"The Church has been negligent in one thing. . .
she has not prayed the power of God out of heaven."[2]*

El día de la celebración del Cuatro de Julio era el acontecimiento mas importante del año para nuestra maravillosa comunidad. El desfile, el rodeo, la carrera de autos chocadores, eran tan solo algunas de las actividades que tenían lugar durante el festival que duraba casi una semana.

Los carnavales también nos entretenían, con atracciones de parques de diversiones, juegos y comidas especiales que son comunes en esos eventos. Un año, una "vidente" intento ingresar a la celebración. Coloco su carpa junto a las de los demás y comenzó a tirar las cartas de tarot, su bola de cristal y otros tantos artículos relacionados con la "videncia" El demonio la había enviado para impartir el don *de la posesión demoníaca* a los ciudadanos de mi ciudad. Todos los miembros de nuestra iglesia comenzaron a orar.

Mientras caminaba alrededor de su carpa, comencé a decir, *Tu no existes en el cielo; tu no debes existir aquí tampoco. Esta es mi ciudad. Tu estas aquí en forma ilegal. ¡Os prohíbo que echéis raíces aquí! Dios ha establecido que lo que sea que mis pies pisen, me ha sido dado por Dios. Te obligo a la palabra de Dios quien expone que yo tengo autoridad sobre ti. ¡Vete!* Seguí caminando alrededor de la carpa tal como Israel caminaba alrededor de Jericó. Nada caía dentro de lo natural.

No le dije estas cosas a la mujer. Ni siquiera hablaba en voz suficientemente alta para atraer su atención. Ella no era mi enemiga, ni mi problema. El reino de la oscuridad que le daba el poder, era mi objetivo.

Mientras hacia sus *brujerías* con una pareja que estaba sentada a su mesa, yo me pare al otro lado de la pared de la carpa, solo a unos pies de la pareja que no sospechaba nada de lo que estaba ocurriendo. Coloque mis manos juntas hacia ellos intentando atrapar el poder del infierno que estaba atentando contra su destrucción. Cuando sentí que había concluido, me fui. (Las manos que se rinden a Dios pueden liberar el poder del cielo en una situación. En el mundo del espíritu, se libera como un relámpago[3]).

Aun cuando la feria continúo por muchos mas días, ella dejó la ciudad a la mañana siguiente. El poder que la influenciaba se había roto. No pudo irse lo suficientemente rápido. Fue como si los *avispones del Libro del Éxodo* la hubieran echado fuera de la ciudad.[4]

JESÚS DIO EL MODELO A SEGUIR

La Oración Modelo del Señor proporciona la instrucción más clara sobre como podemos traer la realidad de Su mundo a este mundo. Los generales de la resucitación nos hablan desde épocas pasadas diciendo, *¡Si vosotros oráis, Él vendrá!*

La oración bíblica siempre esta acompañada por una obediencia radical. La respuesta de Dios a la oración con obediencia siempre libera la naturaleza del cielo hacia nuestras circunstancias relacionadas con impedimentos.

El modelo de Jesús revela las únicas dos prioridades reales de la oración: En primer lugar, la intimidad con Dios que es expresada en la alabanza – *Santificado sea Tu nombre*. Y en segundo lugar, a los fines de traer Su Reino a la tierra, se establece Su dominio sobre las necesidades de la humanidad – *Venga a nosotros Tu Reino*.

A medida que nos preparamos para examinar esta oración, permitidme resaltar un pensamiento mas que nos ayudara a comprender mejor el propósito detrás de la plegaria; como discípulos, somos tanto ciudadanos como embajadores de otro mundo. Este mundo es nuestra asignación, pero no es nuestro hogar. Nuestro propósito es eterno. Los recursos necesarios para cumplir con dicha asignación son ilimitados. Las únicas restricciones se hallan entre nuestros oídos.

Examinemos pues la oración del Evangelio según San Mateo 6:9-13, comenzando con la primera frase:

"Padre nuestro que estáis en los cielos, santificado sea Tu nombre"

El titulo de *Padre* es un titulo de honor y una convocación a la relación. Lo que Él ha hecho para que fuere posible para nosotros llamarle "nuestro Padre" es todo lo que uno necesita para ver a los fines de comenzar a ser un alabador verdadero. *Santificado* significa respetado o venerado. Esta también es una expresión de alabanza. En el Libro de la Revelación, cuyo titulo es en realidad, *La Revelación de Jesucristo*[5] (¡no del anticristo!) es obvio que la adoración y la alabanza son las actividades primarias del cielo. Y así debe ser para el creyente aquí en la tierra. Cuanto más vivimos como ciudadanos del cielo, mayor es el modo en que las actividades del cielo influyen sobre nuestros estilos de vida.

La alabanza es nuestra prioridad numero uno en el ministerio. Todo lo demás que hagamos esta afectado por nuestra devoción a esta convocatoria. Él habita en nuestra adoración. Existe una traducción que lo expone en esta forma, *Pero Tu eres santo, y estáis entronado en las alabanzas de Israel.* Dios responde con una invasión literal del cielo en la tierra a través de la adoración y de la alabanza.[6]

Uno de mis hijos es un líder de alabanza. Llevo a un amigo junto con su guitarra al centro comercial para alabar a Dios. Se detuvieron después de tres horas de haber cantado y danzado ante el Señor. Un hombre inesperado estaba caminando por la misma sección donde ellos habían estado donde ellos habían estado alabando a Dios. Se detuvo, coloco la mano en su bolsillo, y tomo un puñado de drogas ilegales, y las arrojo al piso. Nadie dijo nada acerca de su pecado. ¿Cómo sucedió? El Cielo toca la tierra, y no existen drogas ilegales en el cielo.

Con frecuencia, vemos esta clase de situaciones cuando nuestros equipos de ministerio se dirigen a las calles de San Francisco. Trabajamos en ministerios de compasión así como también realizamos esfuerzos abiertos para traer el poder sobrenatural de Dios a vidas que se hallan destrozadas. La curación y la liberación representan la norma. Con frecuencia, esto es lo que sucede en el entorno de la alabanza.

A medida que Su presencia se pone de manifiesto en las personas que lo están alabando, aun los no creyentes son llevados a un encuentro con Dios. Mi hijo y mi hija han estado efectuando ministerio al Señor en las turbulentas calles de San Francisco. A medida que la gente caminaba a nuestro lado, vimos a muchas personas que manifestaban demonios mientras que otros reían alegremente mientras venían a la presencia del Señor.

Estas cosas no deberían sorprendernos. Observad como Dios responde a las alabanzas de Su pueblo tal como se menciona en Libro de Isaías 42:13: "El Altísimo saldrá como gigante, y como hombre de guerra despertará celo: gritará, voceará, se esforzará sobre sus enemigos".

"Venga a nosotros Tu Reino, hágase Tu voluntad así en la tierra como en el Cielo."

Esta es la frase más importante de toda la oración – como es en el Cielo, ha de ser en la tierra. Es el cristiano que ora el que "suelta" la expresión del Cielo aquí. Cuando el creyente ora de acuerdo a la voluntad revelada de Dios, la fe es especifica y toda la concentración esta puesta en ella. La fe toma esa realidad. La fe que perdura no la deja ir. Tal invasión provoca aquí las circunstancias para alinearse con el cielo. Las criticas relativas a este punto de vista, sarcásticamente exponen, *Entonces se supone que deberíamos orar por calles de oro.* ¡No! Pero nuestras calles deberían ser conocida por la misma pureza y bendición que se halla en el cielo – "Permitid que nuestro ganado viva sin desgracias y sin perdidas, ¡que no haya greguería en nuestras calles!"[7] Todo lo que sucede aquí supone ser una sombra del cielo. A cambio, cada revelación que Dios nos da sobre el cielo sirve para equiparnos con concentración sobre la oración.

¿Cuánto mas sobre el cielo se ha propuesto Dios poner de manifiesto aquí en la tierra? Nadie lo sabe por seguro. Pero si sabemos a través de la historia de la Iglesia que se trata de mucho mas de lo que tenemos ahora. Y sabemos a través de las Escrituras que es aun mucho más de lo que jamás haya entrado a nuestras mentes.[8]

La voluntad de Dios se ve en la presencia gobernante de Dios, *ya que "donde se halla el Espíritu del Señor, allí esta la libertad."*[9] Donde sea que el Espíritu del Señor este demostrando la Señoría de Jesús, es donde la libertad es el resultado. Aun así, otra manera de expresarlo es que *cuando el Rey de reyes manifiesta Su dominio, el fruto de dicho dominio es la LIBERTAD.* Ese es el reino denominado *El Reino de Dios.* Dios, como respuesta a nuestros ruegos, trae Su mundo al nuestro.

Contrariamente, si no tiene la libertad de existir en el cielo, ha de estar "atado" aquí. Una vez mas, a través de la oración, debemos ejercitar la autoridad que se nos ha dado. "Os daré las llaves del Reino de los Cielos; y a lo que sea que estéis atados en la tierra, quedareis atados en el cielo, y a lo os soltéis en la tierra, os será soltado en el cielo."[10] Observad la frase os será. La implicancia significa que nosotros solamente podemos "atar" o "soltar" aquí lo que ya ha sido "atado" o "soltado" allí. Una vez mas, el cielo es nuestro modelo.

"Danos hoy nuestro pan de cada día"

¿Hay alguien que se este muriendo de hambre en el cielo? Por supuesto que no. Esta solicitud es una aplicación práctica del modo en que Su dominio debería ser visto aquí en la tierra – provisión abundante. Los abusos de algunos individuos en el área de la prosperidad no justifican el abandono de las promesas de Dios de proveer abundantemente a Sus hijos. Hacerlo, es un placer para Él. Debido a que existe provisión completa y perfecta en el cielo, debe haber la misma aquí en la tierra. El cielo establece el estándar para el mundo material del cristiano – *suficiente para satisfacer los deseos que nacen de Dios y suficientes "para toda buena obra."* [11] Nuestra base legal para la provisión procede del modelo celestial que Cristo Jesús nos ha dado: "Y mi Dios os proporcionara todo lo que necesitéis de acuerdo a Sus riquezas en la gloria por Cristo Jesús"[12] ¿De acuerdo a que? *Sus riquezas.* ¿Donde? *En la gloria.* Los recursos del cielo deben tener efecto sobre nosotros aquí y ahora.

"Y perdonad nuestras ofensas así como nosotros erdonamos a los que nos ofenden."

¿Existe la falta de perdón en el cielo? ¡No! El Cielo proporciona el modelo para nuestras relaciones aquí en la tierra. "Y sed amables uno con otro, tiernos de corazón, perdonaos el uno al otro, aun como Dios en Cristo os ha perdonado. Por lo tanto, sed imitadores de Dios como sus queridos hijos"[13]. Estos versículos dejan bastante claro que nuestro modelo es Jesucristo... Aquel que ascendió a la derecha del Padre... Aquel cuyo Reino buscamos permanentemente. Una vez mas, esta oración ilustra una manera practica de orar para que la realidad del cielo tenga efecto sobre el planeta tierra.

"Y no nos dejes caer en la tentación, mas líbranos de todo mal."

No existen tentaciones o pecados en el cielo. Ni tampoco la presencia de males. El mantenernos alejados del demonio es una evidencia practica de nuestra venida conforme a las normas del Rey. Esta oración no implica que Dios desee tentarnos. Sabemos, a partir de Jaime (o Santiago) 1:13 que es imposible que Dios nos atraiga al pecado. Esta clase de oración es importante debido a que nos requiere enfrentar nuestra necesidad de gracia. Nos ayuda a alinear nuestro corazón con el cielo − un corazón absolutamente dependiente de Dios. El Reino de Dios nos da el modelo para los asuntos del corazón. Esta oración es, en realidad, una solicitud hacia Dios para que nos promueva mas allá de lo que nuestro carácter pueda manejar. Con frecuencia, nuestro ungimiento y dones están listos para un incremento de responsabilidad, pero nuestro carácter no lo esta. Cuando la promoción viene demasiado pronto, el impacto de nuestro don trae consigo una notoriedad que se transforma en la catálisis de nuestra caída.

La frase *líbranos de todo mal*, tal como se expone tradicionalmente, en realidad significa, *líbranos del demonio*. Un corazón moldeado por el cielo es muy exitoso respecto a la lucha espiritual. Esa es la razón por la que dice, "Someteos a Dios. Resistid al demonio y éste huirá de ti"[14].

Jesús fue capaz de decir, *satanás no tiene nada en Mi*. El creyente debe estar completamente libre de toda influencia y afianzamiento satánico. Ese es el ruego expresado en esta oración.

"Tuyo es el reino, el poder y la gloria, por siempre, Señor. Amen."

El Reino de Dios es Su posesión, razón por la cual Él solo nos lo puede dar.[15]. Cuándo declaramos esa realidad, ¡nos movemos hacia declaraciones de adoración y alabanza! A través de todas las Escrituras, escuchamos las declaraciones de adoración y alabanza similares a la que esta contenida en Su oración modelo, expresando que toda *la gloria y el poder* pertenecen a Él.

Una de las enseñazas más importantes que jamás haya recibido, procedió de Derek Prince hace alrededor de 30 años. Fue un mensaje maravilloso acerca de la adoración y la alabanza. En su mensaje, él sugirió que si solamente tenemos diez minutos para orar, deberíamos pasar ocho minutos alabando y adorando a Dios. Es sorprendente cuanto más podemos orar durante los dos minutos restantes. Esa ilustración me ayudo a reforzar la prioridad de la alabanza y de la adoración que estaba aprendiendo de mi pastor... mi papá.

Una vez mas, esta oración tiene dos objetivos principales: (1) Hacer ministerio con Dios con una relación personal intima; y (2) traer la realidad de Su gobierno (el Reino) a la tierra.

El Evangelio según San Mateo 6:9-13 nos da un resumen para que podamos orar la oración del Reino:

1. Alabad y adorad
2. Orad para que el cielo venga a la tierra
    a. Los efectos del cielo sobre las cosas materiales
    b. Los efectos del cielo sobre las relaciones personales
    c. Los efectos del cielo en nuestra relación con el demonio
3. Alabad y adorad

"Buscad primero el reino de Dios y Su justicia, y todo lo demás se os dará por añadidura"[6]

Resulta evidente que este versículo no constituye la oración modelo que Jesús nos enseño en los versículos 9:13. Pero se halla dentro del contexto de Su mensaje en general acerca del Reino que dio en el Sermón de la Montaña. En dicho Sermón, Él establece la prioridad que rodea a todos los valores y objetivos cristianos. *¡Buscad al Reino en primer lugar!*

Comprender esta plegaria nos ayuda a darnos cuenta del objetivo de toda la oración – que la Señoría del Jesús será vista en todas las circunstancias de la vida. A medida que el Reino de Dios confronta al pecado, se otorga el perdón y el cambio viene a la naturaleza que solamente ha sabido como pecar. Cuando Sus normas se confrontan con la enfermedad, la gente es curada. Cuando encuentra individuos poseídos por el demonio, los libera. La naturaleza del mensaje del Reino proporciona la salvación para el hombre completo – espíritu, alma y cuerpo. Ese es el Evangelio de Jesucristo.

Siempre me ha parecido que la frase "todo lo demás se os dará por añadidura" significaba, si mis prioridades eran correctas, que Él se aseguraría que yo obtendría lo que necesitara. Con posterioridad a comprender mejor la oración modelo, no estoy tan seguro que ese haya sido Su intento. Él estaba diciendo que, si buscamos el Su Reino en primer lugar, hallaremos que Su Reino viene plenamente equipado. Trae Su respuesta a todas nuestras necesidades materiales y relativas a las relaciones, y a nuestra "guerra" contra el demonio.

EL ESTABLECIMIENTO DE UNA NUEVA FRANQUICIA

Suponed que yo fuera propietario de un restaurante muy exitoso y deseara comprar el derecho a una franquicia. Al comprar una franquicia de mi restaurante, tu estarías invirtiendo dinero a los fines de obtener su nombre y todo lo que ello conlleva – menús, diseño exclusivo, programa de administración, y la calidad del entrenamiento para los empleados. Se os requeriría seguir los estándares prescriptos establecidos por el restaurante principal. El color seria el mismo, como así también todo lo pertinente al mobiliario y las comidas especificadas en el menú. El manual para los empleados y el estilo de administración serian copiados del restaurante principal. En esencia, el restaurante principal se impone sobre cada una de las nuevas franquicias para que todos los sitios luzcan del mismo modo.

Cuando oramos para que Su Reino venga, le estamos solicitando que imponga Sus reglas, Su orden y los beneficios de Su mundo sobre este mundo hasta que éste luzca como el Suyo. Eso es lo que sucede cuando se curan los enfermos y los poseídos por el demonio son liberados. Su mundo se confronta con el mundo de la oscuridad, y Su mundo siempre gana. Nuestra batalla siempre es una batalla por dominio – un conflicto de reinos.

CREADO PARA GOBERNAR

Hemos sido creados para la intimidad. A partir de la intimidad, procede nuestra comisión de gobernar. Mantened en vuestra mente que Sus puntos de vista al gobernar son diferentes de los de la mayoría de nosotros. Nosotros regimos a través del servicio. Muchos individuos han cometido el error de pensar que los cristianos tienen que ser jefes de todas las sociedades anónimas, gobiernos, y departamentos políticos. Tan bien como ello suena, es en realidad un *fruto* del verdadero objetivo. Parecido a Cristo – *excelencia con humildad* respecto al verdadero objetivo. La promoción viene del Señor. Si pasamos mas tiempo desarrollando un *corazón de Reino,* habría mas personas en sitios clave de liderazgo.

La oración es la actividad más sencilla del creyente. Del Hijo al Padre... de amante a amante... conversación... a veces, hablada. La oración es también uno de los temas más complicados para nosotros. Las formulas no funcionan en esta relación con el Reino.

El honor que tenemos al ser capaces de orar se halla mas allá de nuestra comprensión. Nosotros somos Sus representantes en la tierra – embajadores de Su mundo. Nuestros ruegos, todos ellos, tocan Su corazón.

LA ORACIÓN, EL ESENCIAL PRINCIPAL

La intimidad es el principal propósito de la oración. Y es a través de la relación que Dios nos confía los secretos de Su corazón, los cuales podemos expresar en la oración. Eso es lo que hizo con Simeón y Ana a medida que sacudía sus corazones para orar por la venida del Mesías muchos antes de que naciera. [17] Aun el regreso del Señor será precedido por la declaración de la novia: "El Espíritu y la novia dicen, 'Venid'"[18].

Si estas cosas iban a suceder de todos modos, ¿cual seria el propósito de la oración? Dios, aparentemente se ha impuesto una restricción a Sí Mismo – actuar en los asuntos de los hombres en respuesta a la oración.

Dios ha optado por trabajar a través de nosotros. Nosotros somos Su autoridad delegada en el planeta tierra, y la oración es el "vehículo" que da lugar a Su invasión. Aquellos que no oran, permiten que la oscuridad siga gobernando. Los esfuerzos más grandes del enemigo radican en engañar a la Iglesia que esta centrada en el propósito y efecto de la oración.

REPRESENTANDO A OTRO MUNDO

"Ya que nuestra ciudadanía se halla en el cielo, desde el cual esperamos ansiosos por el Salvador, el Señor Jesucristo." [19] El apóstol San Pablo expuso estas palabras en la iglesia de Filipo, una ciudad romana que se hallaba en el país de Macedonia. Gozaba de cultura romana y del gobierno y protección de los romanos, todas las personas que vivían en Macedonia entendieron muy bien lo que el apóstol San Pablo había expuesto, no acerca de ir al cielo algún día, sino acerca de vivir como ciudadanos del reino ahora... específicamente *desde el cielo hacia la tierra.*[20]

Tenemos el privilegio de representar al cielo en este mundo, de modo tal que podamos traer la manifestación del cielo a este mundo.

EL ESTILO DE VIDA DE UNA EMBAJADA

Como embajadores, vivimos en un mundo mientras estamos representando a otro. Una embajada representa el sitio principal de un embajador y su personal. En realidad, es considerada como parte del país al cual representa. Así sucede con el creyente/ embajador. La Biblia promete: *"Todo lugar del suelo donde dejéis rastros os ha sido dado por Mí".*[21]

Tal como los embajadores de las Naciones Unidas basan su estilo y nivel de vida de este país, independientemente de la nación a la cuan sirvan, así lo hacen los embajadores del reino de Dios, viviendo acorde con la economía del cielo, aunque todavía se hallen en la tierra. Todos los recursos de nuestro Rey están a nuestra disposición para que llevemos a cabo Su voluntad. Ese fue el modo en que Jesús pudo hablar de una vida libre de cuidados – *considerad al gorrión.*[22]

En calidad de embajador, la milicia del Reino que yo represento se halla a mi disposición para ayudarme a llevar a cabo las ordenes del Rey. Si como representante de un país, mi vida es amenazada, todo mi poderoso gobierno militar esta preparado para hacer lo que fuere necesario para protegerme y liberarme. Así sucede con el anfitrión angélico del cielo. Ellos *rinden servicio a aquellos que heredaran la salvación.*[23]

Esta *mentalidad de embajador* es un concepto que inicialmente tome de Winkey Pratney. Cuando el aborda un avión, se recuerda a si mismo que mientras otras personas pueden representar a IBM y XEROX, él esta allí representado otro mundo. He seguido su ejemplo y practicado este principio casi durante treinta años. Me ha ayudado a mantener una clara perspectiva sobre el eterno propósito de cada salida.

SESIÓN DE INTERCESIÓN O QUEJA

Una de las mejores razones para no orar procede de haber observado a aquellos que lo hacen. Muchos individuos que se auto denominan intercesores viven vidas depresivas. No deseo minimizar el efecto genuino de la carga del Señor que viene a nosotros cuando oramos en forma efectiva. Es real y necesaria. Pero, aquellos que se auto denominan intercesores, pero no han aprendido a *liberar cosas* en la oración han prometido un estilo de vida inestable. ¡La carga del Señor nos lleva a alguna parte! He aprendido esto de un modo difícil.

Me enseñaron a temprana edad acerca de la importancia de la oración. El pastor de mi juventud, Chip Worthington, era rígido conmigo respecto a sus enseñanzas, así como también los muchos libros que me dio para leer.

Pase una gran cantidad de tiempo orando, y siguió siendo una prioridad para mí aun cuando alcance la adultez temprana. Pero mi concentración en la oración con frecuencia se tornaba hacia mi propia espiritualidad... o debería decir, la falta de ella. Me levantaba temprano y oraba hasta tarde por la noche. Dios honraba el sacrificio que yo hacia, pero mis victorias personales no coincidían con mis elaborados momentos de oración. En vez, parecían estar mas vinculados con mis actos de fe. Debido a que mi concentración seguía estando en mi, había muy poco de victoria respecto a lo que realmente podía atribuir a mis oraciones.

La tribulación en la oración no es siempre un signo de intercesión verdadera. Muchas personas aun no son capaces de distinguir la diferencia entre *la carga de su propio descreimiento y la carga del Señor*. Actualmente, oro hasta que alcanzo un lugar de fe para dicha situación. [24] Cuando ello sucede, mi perspectiva respecto a los problemas, cambia. Comienzo a verlos desde el punto de vista del cielo. Mi rol también se modifica. En vez de pedirle a Dios que invada mis circunstancias, comienzo a ordenar que las *montañas se remuevan* en Su nombre. Es desde ese lugar de fe (o descanso) que descubro mi rol con respecto a la oración.

Orad hasta alcanzar un paso adelante. Luego, ejercitad la autoridad dada para cumplir Su voluntad sobre todas las circunstancias que se hallen a la mano.

LA TORMENTA PERFECTA

Jesús estaba durmiendo en medio de una tormenta amenazadora de vida. Los discípulos Lo despertaron porque tenían miedo de morir. Él ejerció Su autoridad y calmo la tormenta. Era la paz del cielo que le permitía dormir. Y fue la misma paz que calmo a la tormenta. *Tu solo tenéis autoridad sobre la tormenta en la podáis dormir.*

Si estoy lleno de ansiedad frente a una situación en particular, se torna difícil para mi impartir paz – debido a que solo puedo dar lo que tengo. La autoridad funciona desde la paz del cielo.

Aun con posterioridad a que los discípulos obtuvieron su respuesta a la oración, una tormenta calma, Jesús les pregunto acerca de su descreimiento. Para la mayoría de nosotros una respuesta a una oración es la recompensa por nuestra gran fe. En este caso, habían obtenido la respuesta pero se les dijo que eran *pequeños en la fe*. Él esperaba que ellos ejercieran la autoridad que Él les había dado para calmar los mares por si mismos. En vez, ellos le pidieron a Él que lo hiciera. Con frecuencia, oramos en el lugar de la obediencia riesgosa.

ADEMÁS

La teología correcta por si sola no nos ha habilitado para completar el designio que Jesús nos dio hace 2.000 años. La Gran Comisión no había sido cumplida a través de los vastos recursos de dinero o personal. A los fines de ver las clases de adelantos que Jesús tenia, debemos adoptar lo que Jesús había adoptado: el Espíritu Santo. Este don especial es el tema del próximo capitulo. Allí veremos como el reino del Espíritu es terreno de Su Reino.

NOTAS DE CIERRE

1. Albert Hibbert on Smith Wigglesworth—*The Secret of His Power* (El Secreto de Su Poder)—Página 47, Tulsa, OK, Harrison House, Inc. ©1982.

2. John G. Lake—*His Sermons, His Boldness of Faith* (Sus Sermones, Su Coraje de Fe) —Página 313, Ft. Worth, TX, Kenneth Copeland Publications, ©1994.

3. Ver Hebreos 3:2-4.

4. Ver El Libro del Éxodo 23:28.

5. Ver El Libro de la Revelación 1:1.

6. Salmos 22:3.

7. Salmos 144:14 NAS.

8. Ver Primera Carta a los Corintios 2:9-10 y Efesios 3:20-21.

9. Segunda Carta a los Corintios 3:17.

10. Evangelio según San Mateo 16:19 NAS, siendo mi énfasis.

11. Segunda Carta a los Corintios 9:8.

12. Filipenses 4:19.

13. Efesios 4:32—5:1.

14. Jaime (o Santiago) 4:7.

15. Ver Evangelio según San Lucas1 2:32.

16. Evangelio según San Mateo 6:33.

17. Evangelio según San Lucas1 2:25-38.

18. Libro de la Revelación 22:17 NAS

19. Filipenses. 3:20.

20. Mas sobre este tema en este mismo libro..

21. Josué 1:3.

22. Ver Evangelio según San Mateo 6:26.

23. Ver Hebreos 1:14.

24. Con frecuencia, la situación es más grande de lo que podemos hacer durante una sesión de oración. Obviamente, debemos continuar sembrando en la necesidad de esa plegaria. Pero no le hace bien a nadie, llevarlo a cabo bajo la "nube" de nuestro descreimiento.

6

El Reino y el Espíritu

Con certeza os digo que entre aquellos que nacieron de mujeres nunca hubo uno más grande que Juan el Bautista; pero aun aquel que es el mas pequeño en el reino de los cielos no es mejor que él.[1]

Juan el Bautista represento *el apogeo* para todos aquellos que profesaban su fe conforme al Antiguo Testamento. Pero los mas pequeños de esta nueva era nacieron para sobrepasarlo a través de su relación con el Espíritu Santo.

Los miembros de nuestra iglesia y los estudiantes de la Escuela Betel de Ministerio Sobrenatural, con frecuencia, adoptan este privilegio.

Un estudiante llamado Jason estaba ordenando una comida en un restaurante de comidas rápidas. No contentado con compartir a Cristo solamente con aquellos que se hallaban detrás del mostrador, comenzó a hablarle al cajero y ¡luego a tres hombres que se hallaban en su vehículo efectuando un pedido! Con posterioridad a haber recibido su comida, Jasón observo que estos hombres habían aparcado para comer. Recomenzó su conversación con ellos y noto que el hombre que se hallaba en el asiento trasero tenia una pierna rota. Entonces, se subió al automóvil con ellos e invito al Espíritu Santo para que viniera... y Él vino. El hombre comenzó a maldecir. No tenia comprensión alguna respecto al *fuego* santo que corría por su pierna. Todos salieron del automóvil rápidamente, y el hombre herido removió su abrazadera y pisoteo su pierna. ¡Estaba completamente curado! Los tres hombres se sintieron tan tocados por la bondad de Dios que abrieron el baúl de su automóvil, el cual estaba lleno de drogas ilegales. Arrojaron los narcóticos al pavimento, ¡danzando sobre ellos y destruyéndolos! Jasón trajo a los tres hombres a la Casa de Alabastro, nuestra casa de oración que esta abierta las 24 horas, y los guió hacia Cristo. La bondad de Dios los condujo al arrepentimiento. Esta es la vida normal cristiana.

El Espíritu Santo es el representante del cielo que hace posible esta clase de encuentros. No solamente eso, sino que Él hace las normas para aquellos que desearan seguirlo.

EL NUEVO ESTÁNDAR

Jesús establece un estándar con esta declaración – *Juan el Bautista fue el más grande de todos los profetas del Antiguo Testamento*. No hizo ningún milagro del cual sepamos. Su ministerio fue gloriosamente necesario, pero no uno que normalmente compararíamos con algunos de los profetas mas espectaculares tales como Elías o Daniel. Aun así, Aquel que todo lo sabe expone que él fue el mas grande. Hay una gran verdad contenida en este párrafo que nos ayuda a ver nuestro potencial desde el punto de vista del cielo. Es una verdad tan maravillosa que todo el infierno ha estado intentado quitarnos su simpleza como una prioridad.

Con ello en mente, una noticia aun más alucinante viene a continuación – *Aquel que se halle entre los más pequeños en el reino de los cielos es más grande que él*. No estaba diciendo que la gente en el cielo fuere mejor que Juan. Esa declaración no tiene propósito alguno. Él estaba hablando acerca del reino de vida que pronto estaría a disponibilidad de todos los creyentes. Juan profetizó la venida de Cristo, y llego tan lejos hasta el punto de confesar su necesidad personal respecto a ello.

"Aquel que viene después de mí es más poderoso que yo...
Os bautizara con el Espíritu Santo y con fuego."[2]

Jesús fue a ser bautizado... Juan intento evitarlo –
"Yo necesito ser bautizado por Ti..."[3]

Juan confeso su necesidad personal del bautismo de Jesús. Ninguno de los profetas del Antiguo Testamento, ni siquiera Juan, tenia lo que estaba por ser ofrecido al *menor de los santos*. Es el bautismo en el Espíritu Santo que se convirtió en el objetivo de Dios para la humanidad.

El bautismo en el Espíritu Santo hace un estilo de vida disponible para nosotros al cuál ni siquiera Juan tuvo acceso. Jesús nos "abrió el apetito" para este estilo de vida a través de Su ejemplo, luego Él nos dio la promesa de su disponibilidad.

UN OBJETIVO FINAL

Existe una diferencia entre los objetivos inmediatos y los objetivos finales. El éxito relativo a un objetivo inmediato posibilita alcanzar un objetivo final. Pero la falla de un objetivo inmediato impide que alcancemos el objetivo final.

Las personas que juegan bolos lo saben. Cada uno de los carriles solo tiene diez palotes en el extremo final, también tiene marcas en los carriles. Una persona que juega bien a los bolos sabe como rota el bolo en su mano a medida que lo lanza. Como objetivo inicial, las personas que juegan a los bolos, tomaran las marcas de los carriles. Aun así, no reciben puntos por haber dado en el blanco. Solo se otorgan puntos cuando se logra el objetivo final, es decir, se toman como blanco los palotes que se hallan al extremo del carril.

Del mismo modo, la salvación no fue el objetivo final de la venida de Cristo. Fue el objetivo inmediato... el marcador del carril. Sin cumplir con la redención, no había esperanza de alcanzar el objetivo final – el cual radicaba en llenar a cada persona que naciera de nuevo con el Espíritu Santo. El deseo de Dios es que el creyente rebalse con Él, que podamos "*... ser llenos con toda la plenitud de Dios.*"[4] La plenitud resultante del Espíritu Santo fue diferente que ninguna otra jamás experimentada. Por ese motivo, el más grande de los profetas del Antiguo Testamento pudo confesar: "Yo necesito ser bautizado por Ti", significando, "Necesito Tu bautismo... ¡aquel que me fue asignado anunciar!"

El bautismo en el Espíritu Santo hace un estilo de vida disponible para nosotros al cuál ni siquiera Juan tuvo acceso. Considerad lo siguiente: podríamos viajar fuera del planeta en cualquier dirección a la velocidad de la luz, 186.000 millas por segundo, durante miles de millones de años, y nunca comenzar a agotar lo que ya sabemos que existe. Todo ello descansa en la palma de Su mano. Y es este Dios que desea llenarnos con Su plenitud. ¡Eso tiene que hacer una diferencia!

UNA IMAGEN DEL ANTIGUO TESTAMENTO

Israel salió de Egipto cuando se derramo la sangre de un cordero y fue colocada en las puertas de entrada de sus hogares. Del mismo modo, hemos sido liberados del pecado cuando la sangre de Jesús se derramo sobre nuestras vidas. Los israelitas pronto llegaron al Mar Rojo. El haber podido circular a través de esa masa de agua es referido *como el bautismo de Moisés.*[5] De una manera similar, nos hallamos cara a cara con las aguas del bautismo con posterioridad a nuestra conversión. Cuando los judíos finalmente entraron a la Tierra Prometida, entraron a través de un río – otro bautismo.

El bautismo no fue una partida del pecado. Ello fue ilustrado cuando partieron de Egipto. El nuevo bautismo los conduciría a una forma de vida diferente. Por ejemplo, batallaron guerras al costado salvaje del río y ganaron. Pero una vez que cruzaron el Río Jordán, las guerras serian batalladas de un modo distinto. Ahora, marcharían alrededor de una ciudad en silencio durante días, finalmente elevarían sus gritos y observarían como caían las paredes.[6] Con posterioridad, experimentarían el desafió de enviar un coro a la batalla en primer lugar.[7] Y luego, llego el momento en que Dios intencionalmente envió 30.000 soldados a sus hogares para que Él pudiera batallar una guerra con 300 tocadores de trompetas que ostentaban antorchas.

Él hace posible la Tierra Prometida, y pagamos el precio por vivir allí. Él nos dará Su bautismo de fuego si le damos a Él algo digno de ser quemado.

El bautismo en el Espíritu Santo es el cumplimiento de la imagen del Antiguo Testamento entrando a la Tierra Prometida. Suponed que los hijos de Israel hubieren optado por cruzar el Río Jordán sin otro motivo sino el de contentarse con vivir a los lados del río. En primer lugar, hubieran perdido el propósito para cruzar el río. Había naciones para destruir y ciudades para poseer. La poca ambición de los propósitos de Dios significaría tener que vivir con el enemigo. Eso es lo que sucede cuando un creyente es bautizado en el Espíritu Santo pero nunca va mas allá de "hablar todas las lenguas." Cuando nos satisfacemos independientemente del propósito final del dominio de Dios, aprendemos a tolerar al demonio en algún área de nuestra vida. Tan glorioso como es el don de las lenguas, es un punto de entrada a un estilo de vida de poder. Ese poder nos ha sido dado para que podamos deshacernos de las fortalezas del infierno y tomar posesión de la gloria de Dios.

EL REINO VIENE CON PODER

"Hay algunos de vosotros allí parados, que no podréis sentir la muerte hasta que veáis que el Reino viene con poder."[8]

Cada vez que esto es mencionado en los Evangelios, es seguido por el incidente ocurrido en el Monte de la Transfiguración. Algunas personas han considerado que esta situación significa que lo que le sucedió a Jesús en el monte fue el resultado del poder del Reino. Sin embargo, si ello fuere de se modo, luego ¿por qué Jesús necesitaría enfatizar a algunas personas que no habría muerte hasta que vieran al Reino viniendo con Su poder? Jesús se estaba refiriendo a un acontecimiento de mayor magnitud. Hablo de la venida de *la promesa del Padre*... el evento que nos cubriría con poder desde lo alto – el bautismo del Espíritu Santo.

De algún modo, siempre ha pensado que el bautismo en el Espíritu Santo era un acontecimiento que solo sucedía una vez; que recibía el "idioma" de mi plegaria y que ello era todo. La Biblia no enseña de una manera diferente. En el Libro de los Hechos 2, hallamos 120 siendo bautizados en el Espíritu en la habitación superior. Aun así, en el Libro de los Hechos 4, hallamos algunas personas pertenecientes a la misma multitud siendo re llenados. Algunos lo han puesto de este modo: un bautismo, muchos *rellenos*. ¿Por que? Nosotros tenemos perdidas, filtramos, goteamos...

Durante la ultima década, el fuego de la resucitación ha sido traído por Rodney Howard-Browne, y ha fundado un hogar en Toronto y otro en Pensacola. La gente viaja desde todas partes del mundo hacia estos *canales de riego* debido a un ansia instintiva por algo más. En algunos sitios, se paran haciendo fila, aguardando por la oración. En otros, se amontonan alrededor del frente del santuario esperando que alguien que vaya a ser utilizado por Dios imponga sus manos sobre ellos y los bendiga. Los críticos han denominada esta actividad como "el club de la bendición". Personalmente, debido a la pasión que poseo por la bendición de Dios, no tengo problemas respecto a aquellos que regresan una y otra vez para recibir otra bendición. Yo *necesito* Su bendición. El problema no radica en recibir mas bendiciones por parte de Dios. Es la negación a dársela a otras personas una vez que la hemos recibido nosotros mismos.

El tiempo que transcurre recibiendo oración se ha convertido en una herramienta que Dios ha utilizado para llenar a Su pueblo con mas de Sí mismo. Se ha tornado en un método para este maravilloso tiempo de impartir.

EL REINO, DOMINIO DEL ESPÍRITU

""Pero si erradico a los demonios por el Espíritu de Dios, es porque seguramente el Reino ha venido a ti.""[9]

Observad esta frase, "por el Espíritu de Dios... el reino." El Espíritu Santo acompaña al Reino. Mientras que, por un lado, no son lo mismo, por el otro, son inseparables. El Espíritu Santo fortalece el liderazgo de Jesús, marcando Su territorio con libertad.[10] El *dominio del rey* se torna evidente a través de Su obra.

La segunda parte de este versículo revela la naturaleza del ministerio. El ministerio ungido provoca el "choque" de dos mundos – el mundo de la oscuridad contra el mundo de la luz.

Este párrafo muestra la naturaleza de la liberación. Cuando el Reino de Dios viene sobre alguien, las fuerzas de la oscuridad están forzadas a irse.

Cuando se enciende una luz, la oscuridad no lo resiste. No existe debate. No permanece oscuro por unos pocos minutos hasta que finalmente gana la luz. Por el contrario, la luz es tan superior a la oscuridad que su triunfo es inmediato.

El Espíritu Santo no tiene heridas de batalla. No tiene mordeduras originadas por la batalla del reino demoníaco que lucha por predominancia. Jesús es el Señor, punto. Aquellos que aprenden a trabajar con el Espíritu Santo, en realidad, provocan que la realidad de Su mundo, (Su dominio),"choque" con los poderes de la oscuridad que tiene influencia sobre una persona o situación. Cuanto mayor sea la manifestación de Su Presencia, más rápida será la victoria.

EL VALOR DE SU PRESENCIA

Por lejos, el don más grande que nos haya sido dado jamás es el Espíritu Santo en Sí Mismo. Aquellos que descubren el valor de Su presencia entran en dominios de intimidad con Dios que jamás habían sido considerados posibles con anterioridad. A raíz de esta relación vital surge un ministerio de poder que con anterioridad era solamente un sueño. Lo incomprensible se torna posible debido a que Él esta con nosotros.

Yo estaré con vosotros es una promesa hecha por Dios a todos Sus siervos. Moisés lo escucho cuando tuvo que enfrentar él desafió de liberar a Israel de Egipto.11 Josué recibió esta promesa cuando condujo a Israel hacia la Tierra Prometida.12. Cuando Gedeón recibió el llamado de Dios para que fuere el libertador de Israel, Dios lo sello con la misma promesa.13 En el Nuevo Testamento, la promesa vino a todos los creyentes a través de la Gran Comisión.14 Viene cuando Dios ha requerido algo de nosotros que es humanamente imposible. Es importante ver esto. Es la Presencia de Dios que nos vincula con lo imposible. Yo les digo a mis familiares, Él esta en mi para salvarme, pero Él esta sobre me para salvaros. ¡Su presencia hace que todo sea posible!

Dios no tiene que intentar hacer cosas sobrenaturales. Él es sobrenatural. Debería no intentar serlo. Si Él es invitado a una situación, no deberíamos esperar nada mas que una invasión de lo sobrenatural.

SU PRESENCIA EN NUESTRAS SOMBRAS

Parte del privilegio del ministerio es aprender a como liberar al Espíritu Santo en un cierto lugar. Cuando fui pastor en Weaverville, California, nuestras oficinas estaban ubicadas en la zona céntrica, justo frente a un bar y próximas a otro. La zona céntrica ere el área comercial para el condado entero – ¡un lugar perfecto para la oficina de una iglesia!

No es bueno cuando los cristianos solo intentan "negociar" con otros cristianos. Somos sal y luz. ¡Brillamos mejor en lugares oscuros! Me encanta "negociar" y la gente de empresas y tengo un genuino interés respecto a su éxito. Antes de entrar a un comercio, con frecuencia oro para que el Espíritu Santo se libere a través de mí. Si necesito algo que se halla del otro lado del comercio, entro por el extremo opuesto a los fines de recorrer todo el comercio. Se han desarrollado muchas oportunidades de ministerio a medida que he aprendido como liberar Su presencia en el mercado.

La gente colocaba a los enfermos en las calles con la esperaza que la sombra de Pedro caería sobre ellos y serian curados. 15 No obstante, no era la sombra de Pedro la que traía la curación. Pedro estaba ensombrecido por el Espíritu Santo, y era esa presencia la que traía los milagros. El ungimiento es una expresión de la persona del Espíritu Santo. Él es tangible. Había momentos durante el ministerio de Jesús durante los cuales todas las personas que tocaban las vestiduras de Cristo eran curadas o liberadas. 16 El ungimiento es sustancia. Es la presencia real del Espíritu Santo, y Él puede liberado en nuestro entorno.

RESURRECCIÓN EN ÁFRICA

El pastor Surprise es un líder apostólico que trabaja con Rolland y Heidi Baker, de los Ministerios Iris, en Mozambique. Durante una cruzada evangélica en la cual estaba predicando, una niña de 9 años falleció, lo cual amenazaba con la finalización de una serie de reuniones. Toda la villa estaba atormentada por la pena. Al día siguiente, el Pastor Surprise fue a visitar a la familia, y el cuerpo de la niña aun estaba en la vivienda donde la niña había fallecido la noche anterior. A medida que oraba por la familia, termino tomando la mano de la niña. No estaba orando para que ella resucitara de entre los muertos, aun así, después de unos pocos minutos, la pequeña apretó su mano. Fue resucitada aproximadamente 12 horas posteriores a su fallecimiento debido a que alguien estaba lleno del Espíritu Santo. Él se había rebalsado con el poder de resurrección de Jesús que lo llenaba ¡mientras estaba intentando consolar a la familia!

Una botella no se halla completamente llena hasta que rebalsa. Así sucede con el Espíritu Santo. La plenitud se mide por el rebalse. Cuando nos colocamos en una actitud de introspección, restringimos el flujo del Espíritu Santo. Nos convertimos como el Mar Muerto; el fluye hacia adentro, pero nada fluye hacia fuera, y nada puede vivir en este agua estancada. El Espíritu Santo se libera a través de la fe y la compasión, y la fe y la compasión nunca se centran en sí mismas.

SIGUIENDO AL LÍDER FUERA DEL MAPA

La historia nos provee una lección de un gran líder militar. Alejandro el Grande condujo a sus armadas a la victoria una y otra vez, y su deseo por una mayor conquista finalmente lo llevo hasta la base de la cadena de los Himalaya. Deseaba llegar mas allá de estas montañas intimidatorias. Aun así, nadie sabia lo que había del otro lado. Los oficiales de mayor rango estaban preocupados por su nueva visión. ¿Por que? Habían llegado al borde de su mapa – no había ningún mapa del nuevo territorio que Alejandro deseaba poseer. Estos oficiales tenían que tomar una decisión: ¿estarían dispuestos a seguir a su líder fuera del mapa, o se contentarían con vivir dentro de los limites? Optaron por seguir a Alejandro.

Seguir el liderazgo del Espíritu Santo puede representar para nosotros el mismo dilema. Mientras que nunca contradice Su Palabra, Él se siente muy cómodo contradiciendo nuestra comprensión respecto a ella. Aquellos que se sienten a salvo debido a su intelectual comprensión de las Escrituras gozan de un sentido de seguridad falso. Ninguno de nosotros posee una comprensión total de las Escrituras, pero todos tenemos al Espíritu Santo. Él es nuestro común denominador, Él que siempre nos guiara hacia la verdad. Pero, para seguirlo, debemos estar dispuestos a seguirlo fuera del mapa – a ir mas allá de lo que conocemos. A los fines hacerlo con éxito, debemos reconocer Su presencia sobre todas las cosas.

Existe una gran diferencia entre la forma en que Jesús llevó a cabo Su ministerio y el modo en que es típicamente llevado a cabo en la actualidad. Él era completamente dependiente de lo que el Padre estaba haciendo y diciendo. Ilustro este estilo de vida con posterioridad a Su bautismo en el Espíritu Santo. Siguió el liderazgo del Espíritu Santo, aun cuando parecía irracional, lo cual sucedía con frecuencia.

Toda la Iglesia, con demasiada frecuencia, ha vivido de acuerdo a la comprensión intelectual de las Escrituras, nulas de la influencia del Espíritu Santo. Tenemos programas e instituciones que, de ningún modo, requieren del Espíritu Santo para sobrevivir. De hecho, mucho de lo que denominamos ministerio no puede asegurar siquiera que Él aun está presente. Cuando no nos concentramos en la presencia de Dios, terminamos por hacer lo mejor posible para Dios. Nuestras intenciones pueden ser nobles, pero son impotentes en efecto.

Cuando Jasón comenzó a compartir el evangelio a través de la ventana desde donde se entrega la comida en el restaurante de comida rápida, sus acciones *estaban fuera del mapa*. Aun así, sustentaron fruto para el Rey.

LA COMPASIÓN Y LIBERACIÓN DE SU PRESENCIA

Jesús, con frecuencia, curaba con posterioridad a haber sido conmovido por la compasión. Frecuentemente, yo detecto el liderazgo del Espíritu Santo reconociendo Su afecto por alguien más. Ser atraído a una persona a través de la compasión usualmente significa que habrá algún dominio del ministerio de lo sobrenatural sobre ellos – sea con una palabra de aliento o con un milagro de curación o liberación. Amar a las personas que se hallan en la agenda de Cristo y rendir mi propia agenda me hace estar disponible para la Suya.

El Espíritu Santo es el representante invasor del cielo. En el próximo capitulo veremos por que Su presencia aterroriza a todos los poderes del infierno.

NOTAS DE CIERRE

1. Evangelio según San Mateo 11:11.

2. Evangelio según San Mateo 3:11.

3. Evangelio según San Mateo 3:14.

4. Efesios 3:19.

5. Primera Carta a los Corintios 10:2.

6. Josué 6.

7. Crónicas 2 20:21.

8. Evangelio según San Marcos 9:1.

9. Evangelio según San Mateo 12:28.

10. Segunda Carta a los Corintios 3:17.

11. Libro del Éxodo 3:12.

12. Josué 1:9.

13. Libro de los Jueces 6:16.

14. Evangelio según San Mateo   28:19.

15. Libro de los Hechos 5:15.

16. Evangelio según San Marcos 6:56.

7

El Ungimiento y El Espíritu del Anticristo

Cristo no es el apellido de Jesús. La palabra Cristo significa "El Ungido" o "El Mesías." Es un titulo que remarca una experiencia. No fue suficiente que Jesús fuera enviado desde el cielo a la tierra con un titulo. Él debía recibir el ungimiento en una experiencia para cumplir con lo que deseaba el Padre.

La palabra *ungimiento* significa "manchar." El Espíritu Santo es el aceite de Dios que fue derramado sobre Jesús durante Su bautismo con agua.[1] El nombre Jesucristo implica que Jesús es Aquel "manchado" por el Espíritu Santo.

Pero existe otro espíritu que trabaja para hacerle una emboscada a la iglesia de todos los tiempos. Este poder fue identificado por el apóstol San Juan cuando dijo, "Aun ahora, han venido muchos anticristos."[2]. La naturaleza del espíritu del anticristo se halla en su propio nombre: *anti*, "contra", *Cristo*, "El Ungido"

Jesús vivió Su vida terrenal con limitaciones humanas. Dejo su divinidad de lado[3] mientras que buscaba cumplir con el designio que Le fue dado por el Padre: vivir la vida como la de un hombre sin pecado, y luego morir en nombre de toda la humanidad por el pecado. El sacrificio que podía compensar al pecado tenia que ser un cordero (impotente), y no debía tener ninguna mancha, (sin pecado).

El ungimiento que recibió Jesús constituyó el equipo necesario, dado por el Padre, para hacer posible que Él viviera por encima de las limitaciones humanas. Ya que Él no solamente debía redimir al hombre, sino que tenia que revelar al Padre. Al hacerlo, Él tenia que develar el reino del Padre llamado cielo. Ello incluiría hacer cosas sobrenaturales. El ungimiento es lo que vincula a Jesús, el hombre, con lo divino, posibilitándole destruir las obras del demonio. Estas formas milagrosas ayudaron a poner algo en movimiento que la humanidad podría heredar una vez que fuéramos redimidos. El Cielo – el dominio de lo sobrenatural – se convertiría en el pan diario de la humanidad.

Su existencia "en tiempo presente" fue explicada por lo que Jesús expuso, "El Reino de los cielos esta cerca." Ello significa no solamente que el cielo es nuestro destino eterno, sino una realidad presente, y que se halla al alcance de nuestras manos.

CALIFICANDO AL UNGIMIENTO

A los fines de cumplir con Su misión, Jesús necesitaba al Espíritu Santo; y esa misión con todos sus objetivos, radicaba en finalizar la obra del Padre.[4] Si el Hijo de Dios era tan dependiente del ungimiento, Su comportamiento debería clarificar nuestra necesidad por la presencia de la presencia del Espíritu Santo sobre nosotros a los fines de poder hacer lo que el Padre nos ha asignado. Comentaremos mas acerca de este tema en un capitulo posterior. Por ahora, es vital comprender que debemos estar cubiertos por el Espíritu Santo para un ministerio sobrenatural. En el Antiguo Testamento, fue el ungimiento lo que calificó a un sacerdote para su ministerio.[5] Conforme a ejemplo de Jesús, el ministerio del Nuevo Testamento es lo mismo – el ungimiento trae consigo resultados sobrenaturales.

Este ungimiento es lo que posibilitó que Jesús *hiciera solamente lo que veía que Su Padre hacia, y que dijera solamente lo que Su Padre decía.* Fue el Espíritu Santo quien reveló el Padre a Jesús.

Parecería que con toda la importancia que se adjunta al nombre de "Jesús", cualquiera que desee socavar Su obra de redención podría ser referido como "Anti Jesús", no "Anti Cristo". Aun los cultos religiosos reconocer y valoran el hombre en Jesús. Al menos, los cultos Le consideran como un maestro o un profeta y posiblemente "un" hijo de Dios. Este error horrendo nos proporciona el entendimiento de la razón por la cual el *anticristo* es el nombre que le da al espíritu de la oposición. Los espíritus del infierno están en guerra contra el ungimiento, ya que sin él la humanidad no representa una amenaza para su dominio.

La preocupación de Jesús por la humanidad fue aplaudida. Su humildad fue reverenciada, pero fue el ungimiento lo que libero a lo espiritual. Y fue la invasión sobrenatural de Dios Mismo que fue objetada y rechazada por los lideres religiosos. Este ungimiento es, en realidad, la persona del Espíritu Santo sobre alguien mas para que logre hechos sobrenaturales. Tan reverenciado es el Espíritu Santo en la cabeza de Dios, que Jesús dijo, "Cualquiera que diga una palabra contra el Hijo del Hombre, será perdonado, pero aquel que hable en contra del Espíritu Santo, no será perdonado ni ahora ni nunca."[6]

MINISTERIO FORTALECIDO

Fue el ministerio fortalecido del Espíritu Santo el que provocó que la gente abandonara todo para seguir a Jesús. Estaban atraídos por lo sobrenatural respecto a la palabra y a los hechos. Sus palabras penetraban en lo profundo del corazón de la humanidad, mientras que Sus hechos revelaban el corazón del Padre. El ungimiento del Espíritu santo cambio las vidas de los humildes para siempre. Pero también fue el ministerio fortalecido por el Espíritu Santo que provocó gran ofensa entre los orgullosos y conllevó a Su crucifixión. El mismo sol que derrite al hielo endurece la arcilla. Del mismo modo, una obra de Dios puede dar como resultado dos respuestas diferentes, dependiendo de la condición en que se hallan los corazones de las personas.

Dios es nuestro Padre, y nosotros heredamos Su código genético. Cada creyente ha escrito en su ADN espiritual el deseo por lo sobrenatural. Es nuestro sentido de destino predeterminado. Esta pasión que nace de Dios, se disipa cuando ha sido enseñada y se halla fuera del razonamiento, cuando no se ejercita, o cuanto ha sido enterrada debajo de la decepción.[7]

El espíritu del anticristo esta trabajando en la actualidad, intentando influir a los creyentes para que rechacen todo lo que se halla relacionado con el ungimiento del Espíritu Santo. Este rechazo adopta muchas formas religiosas, pero básicamente se resume a lo siguiente: rechazamos aquello que no podemos controlar. El espíritu ha trabajado para disminuir al evangelio a un mero mensaje intelectual, mas que un encuentro con lo sobrenatural. Tolera la mención del poder en tanto y en cuanto se halle en tiempo pasado. Ocasionalmente, considera que el poder es apropiado para las personas que se encuentran en sitios lejanos. Pero ese espíritu jamás espera que el ungimiento del poder de Dios se halle disponible en el aquí y en el ahora. El espíritu de control trabaja contra uno de los elementos favoritos de Dios en el hombre: la fe. La confianza se desubica cuando se ancla a la habilidad que el hombre tiene para razonar.

Es el espíritu del anticristo que ha despertado a los espíritus religiosos. Un espíritu religioso es una presencia demoníaca que trabaja para que seamos guiados por nuestro intelecto en vez de ser conducidos por el Espíritu de Dios. El ser conducido por el Espíritu Santo es un encuentro permanente con Dios. La religión idolatra conceptos y evita la experiencia personal. Trabaja para que alabemos logros pasados a costo de cualquiera de nuestras actividades presentes respecto a Dios en nuestra vida. Ese espíritu con frecuencia se alimenta del residuo de resucitaciones pasadas. Su táctica favorita radica en escribir en la piedra una ideología aprendida con anterioridad a los movimientos del Espíritu Santo. Por ejemplo: valora las lagrimas y desprecia la risa. Suena como una idolatría ¿no? Cualquier cosa que tome el lugar de la dependencia del Espíritu Santo y Su obra fortalecedora, esta relacionada con el espíritu de la oposición.

EL REINO POR ENCIMA DE LA RAZÓN

Seguir al ungimiento, (el Espíritu Santo), es muy similar a cuando Israel siguió la nube de la presencia del Señor en el desierto. Los israelitas no tenían ningún control sobre Él. Él los condujo, y la gente lo siguió. Dondequiera que Él fuere, había actividades milagrosas. Si ellos partían de la nube, los milagros que ostentaban desaparecían. ¿Os imagináis lo que habría sucedido si nuestros teólogos cargados de temor hubieren estado allí? Hubieran creado nuevas doctrinas explicando la razón por la cual el ministerio sobrenatural que los había sacado de Egipto ya no era necesario para conducirlos a la Tierra Prometida. Después de todo, ahora tenían las Tablas de la Ley. Entonces, como ahora, el tema real es la prioridad que le damos a Su presencia. Cuando ello está intacto, lo sobrenatural abunda, pero sin ello, debemos inventar nuevas doctrinas para justificar por que estamos bien del modo en que estamos.

En los términos del Nuevo Testamento, ser personas cuya concentración yace en Su presencia significa que estamos dispuestos a vivir por encima del razonamiento. No impulsivamente o de una manera sonsa, ya que existen imitaciones pobres de la fe real. El reino por encima de la razón es el mundo de obediencia de Dios. La obediencia es la expresión de la fe, y la fe es nuestro boleto de ingreso al reino de Dios. Extrañamente, esta concentración en Su presencia provoca que nos tornemos como el viento, el cual, también forma parte de la naturaleza del Espíritu Santo.[8] Su naturaleza es poderosa y justa, pero Sus maneras no pueden ser controladas. El Espíritu Santo es impredecible.

En calidad de lideres de la iglesia, esto nos golpea en nuestro punto más débil. Para la mayoría de las iglesias, muy poco de lo que nosotros hacemos depende del Espíritu Santo. Si Él no apareciera, la mayoría de las iglesias nunca Lo extrañarían. Billy Graham posee crédito cuando expone, "El noventa y cinco por ciento de las actividades de la iglesia de hoy en día continuaría si el Espíritu Santo fuera removido de nosotros. En la antigua Iglesia, el noventa y cinco por ciento de sus actividades se hubieran detenido si el Espíritu santo hubiere sido removido." Yo estoy de acuerdo. Planeamos nuestros servicios y lo denominamos diligencia. Planeamos nuestro año y lo denominamos visión. Nunca olvidare el domingo en que el Señor me informo que no era mi servicio, y que no podía hacerlo como deseaba. (El planeamiento es bíblico. Pero nuestra diligencia y visión nunca incluyen la usurpación del Espíritu Santo. El Liderazgo de Jesús se ve en nuestra disposición de seguir el liderazgo del Espíritu Santo. ¡Él desea que Su Iglesia regrese!) Pero ¿cómo podemos seguirlo si no reconocemos Su presencia?

Cuanto más pronunciada es Su presencia, mas exclusivas se tornan las manifestaciones de los encuentros con Dios. Aunque las manifestaciones que experimentamos cuando nos encontramos con Él son importantes, es realidad, ansiamos a Dios en Sí Mismo.

ÉL SABÍA QUE NOS HARÍA SENTIR INCÓMODOS

Para la mayoría de nosotros es difícil seguir el liderazgo del Espíritu Santo debido a que nuestras experiencias con Él son muy limitadas. La mayoría de la gente Lo conoce solamente como El que nos sentencia respecto a nuestros pecados o nos alivia cuando estamos atravesando situaciones turbulentas. La conclusión es que no estamos acostumbrados a reconocer la presencia real de Espíritu Santo. Estamos familiarizados con una lista pequeña de manifestaciones que suceden cuando Él aparece, tales como las lagrimas, o tal vez, un sentido de paz cuando alguien canta nuestra canción favorita. Pero hay pocos individuos que Lo reconocen tan solo como Él. Para hacer las cosas aun peor, muchas personas, sin saberlo, Lo rechazan debido a que Él aparece de una manera a la cual no están acostumbrados o, porque no ha venido, tal como sucedió en el pasado. (Considerad la arrogancia del rechazo automático relativo a todo lo que no comprendemos, o a lo que nunca hemos reconocido dicho por las Escrituras. Implica que si Dios no lo ha hecho con o mostrado a nosotros en primer lugar, posiblemente Él jamás lo habría hecho con alguien más).

Mientras que muy pocas personas lo admiten, la actitud de la Iglesia en días recientes, ha sido, "Si me siento incomodo con algo, no debe proceder de Dios." Esta actitud ha dado lugar a muchos individuos que sé auto denominan "perros guardianes" y que envenenan a la Iglesia con sus propios temores. El hambre de Dios luego cede ante el temor al engaño. ¿Que es en lo que más confió, en mi habilidad para ser engañado o en Su habilidad por guardarme? Y, ¿por qué pensáis que Él nos ha dado al Consolador? Él sabia que Sus maneras nos harían sentir incómodos al principio.

¿CÓMO OS IMAGINÁIS AL "EQUILIBRIO?"

El temor al engaño ha abierto una puerta para un movimiento trágico entre los creyentes. Expone que, debido a que tenemos la Biblia, somos emocionalmente desequilibrados y que nos hallamos en peligro de ser engañados si buscamos por una experiencia "real" para "sentir" a Dios. Dichos temores provocan que los creyentes se tornen polarizados – el temor separa y aliena. Esto es los que muchas personas se imaginan: in un rincón se halla la gente equilibrada, que luce bien, y que valora la Biblia como la Palabra de Dios, en la otra esquina, se halla la gente emocionalmente desequilibrada que busca experiencias esotéricas, espirituales con Dios. ¿Es esto un cuadro bíblico exacto? Jesús hizo una declaración aterradora respecto a aquellos que se aferran al estudio de la Biblia vs. la experiencia, "Vosotros buscas las Escrituras, ya que pensáis que en ellas tendréis vida eterna, y son estos los que dan testimonio de Mí." [9]

Si nuestro estudio de la Biblia no nos conduce a una relación mas profunda, (un encuentro), con Dios, entonces esta simplemente agregándose a nuestra tendencia hacia el orgullo espiritual. Incrementamos nuestro conocimiento de la Biblia para sentirnos mejor acerca de nuestra posición respecto a Dios, y para equiparnos mejor para discutir con aquellos que no están de acuerdo con nosotros. Cualquier grupo que desee defender una doctrina esta propenso a esta tentación sin un encuentro con Dios. Considerad las implicancias potenciales de este pensamiento: aquellos que al principio parecerían estar bajo control podrían, de hecho, hallarse fuera de control – ¡Su control! Y muchas de las personas acusadas de ser miembros de "club de bendición" emocional pueden dar testimonios reales en cuanto a que el toque de Dios ha cambiado sus vidas por siempre. Se transforman en la imagen de equilibrio más bíblica.

Jesús no dijo, "Mis ovejas conocerán mi libro." Es Su *voz* la que debemos conocer. ¿Por que la distinción? Porque cualquiera puede conocer la Biblia como un libro – el demonio mismo conoce y "cotiza" las Escrituras. Pero solo aquellos cuyas vidas dependen de la persona del Espíritu Santo reconocerán Su voz de una manera consistente. Esto no significa que la Biblia tenga poca importancia o ninguna. La verdad yace en lo contrario. La Biblia es la Palabra de Dios, y Su voz *siempre* estará confirmada por las Escrituras. Esa voz es la que impacta sobre lo que esta escrito. Debemos estudiar las Escrituras con diligencia, recordando que las verdades más significativas de las Escrituras serán comprendidas a medidas que Le conocemos más.

En presencia de este darse completamente a uno mismo, Dios trata nuestras necesidades especificas. Estamos siendo saturados por Su presencia a los fines que podamos aprender Su voz. Cuando Él se abre a nosotros mediante Su Palabra, nos volvemos más dependientes de Él. Una vez mas, la gente esta colocando su atención en el don más grande que nos haya sido dado jamás – Dios en Sí Mismo. Mientras que, con frecuencia, el ungimiento es referido como *eso*, es mas precisión referirse a él como Él.

A medida que el Espíritu Santo recibe los reinos de regreso sobre Su gente, Él trabaja por reestablecer un parámetro más bíblico para la vida cristiana. Este cambio aterrador es para mejor. Podemos y debemos conocer al Dios de la Biblia por medio de la experiencia. El apóstol San Pablo lo expuso de este modo, "Para conocer el amor de Cristo que supera todo conocimiento; seréis llenados con la plenitud de Dios."[10] ¿*Sabéis* lo que significa *superar el conocimiento*? Es Su promesa. Considerad el resultado: "Seréis llenados con la plenitud de Dios." ¡Que recompensa! Jesús lo expuso de este modo, "Y todo aquel que Me ame será amado por Mi Padre, y Yo lo amare y Me manifestare a él."[11]

EL OBJETIVO DEL ESPÍRITU DEL ANTICRISTO

Este espíritu del anticristo tiene un objetivo para la Iglesia – "envolver" a Jesús fuera del ungimiento. Sin el ungimiento, Él se transforma en una figura religiosa segura que no nos desafía ni nos ofende. San Pablo describió esta posibilidad engañosa como, "tener una forma de dios pero negando su poder. ¡Y la gente se aparta de eso!"[12]

¿De que manera la gente que ama a Dios puede ser ofendida por el ungimiento del Espíritu Santo?

1. Él se mueve como el viento – fuera de nuestro control.[13]

2. Sus pensamientos son muy diferentes de los nuestros. Las Escrituras describen que nuestra lógica y la de Él no son tan solo diferentes, sino que se oponen una a la otra.[14] Seamos honestos... ¡son dos mundos aparte!

3. Él se niega a estar restringido por nuestra comprensión de Su Palabra.

Cada vez que seguimos el liderazgo del Espíritu Santo, "volamos" en el rostro del espíritu del anticristo. Mientras que la estupidez de algunos individuos que exponen que el ser conducidos por el Espíritu ha hecho que esta aventura sea mucho más difícil, estamos bajo cualquier circunstancia, seguros de tener éxito si es verdaderamente nuestro deseo apasionado. Él no dará una piedra a aquel que pida pan.

UNGIDO PARA ENSEÑAR

Si el Espíritu Santo es el poder detrás del don de la enseñanza, ¿cómo luciría? ¿Que clase de modelo proporcionó Jesús para este ministerio en particular? En el próximo capitulo examinaremos el rol del maestro y su relación con el Espíritu Santo.

NOTAS DE CIERRE

1. Evangelio según San Lucas 3:21-22.
2. Primera Carta de Juan 2:18.
3. Filipenses. 2:5-7.
4. Evangelio según San Juan 4:34.

5. Libro del Éxodo 40:15.

6. Evangelio según San Mateo 12:32

7. Proverbios 13:12: "La esperanza diferida hace que el corazón se enferme."

8. Evangelio según San Juan 3:8.

9. Evangelio según San Juan 5:39.

10. Efesios 3:19.

11. Evangelio según San Juan 14:21.

12. Timoteo 2 3:5.

13. Evangelio según San Juan 3:8.

14. Romanos 8:7 e Isaías 55:8-9.

8

La Enseñanza hacia el Encuentro

Cualquier revelación de la Palabra de Dios que no nos conduzca a un encuentro con Dios solo sirve para hacernos más religiosos. La Iglesia no puede darse el lujo de "formarse sin poder", ya que entonces crea cristianos sin propósito.

Jesús, el maestro modelo, nunca separo el enseñar del hacer. Él es el patrón de este don. La Palabra revelada de Dios, expuesta a través de los labios de un maestro ungido, debe conducir a la demostración de poder.

Nicodemo le dijo a Jesús, "Rabí, sabemos que Tú eres el maestro que procede de Dios; ya que nadie puede mostrar estos signos que Tú muestras si Dios con está con él."[1] Quedaba entendido que la clase de maestros de Dios no solamente hablan – hacen. Y el *hacer* al cual se refiere el Evangelio según San Juan es la realización de signos y maravillas.

Jesús estableció el máximo ejemplo del ministerio al combinar la proclamación del Evangelio con signos y maravillas. En el Evangelio según San Mateo, se describe este fenómeno de la siguiente forma: "Y Jesús recorrió toda Galilea, enseñando en sus sinagogas, predicando el evangelio del reino y curando toda clase de enfermedades entre la gente."[2] Y una vez mas, "Luego Jesús recorrió todas las ciudades y pueblos, enseñando en sus sinagogas, predicando el evangelio del reino, y curando toda clase de enfermedades entre la gente."[3]

Luego, Él ordenó a Sus discípulos que efectuaran su ministerio del mismo modo – los doce fueron enviados, "Mientras vais, predicad, diciendo, "El reino de los cielos se halla cerca." Curad a los enfermos, limpiad a los leprosos, resucitad a los muertos, desalojad a los demonios. Vosotros habéis recibido libremente, ved pues y dad libremente".[4] Él ordenó a los setenta diciendo, "Y curad a los enfermos allí, y decidles, "El reino de Dios ha venido a vosotros""[5]

El Evangelio según San Juan registra el modo en que esta combinación de palabras y deberes sobrenaturales tiene lugar, "Las palabras que os digo, no las digo con Mi propia autoridad; sino que el Padre que habita en Mí hace las tareas."[6] Resulta aparente que hablamos la *palabra*, y que el Padre *hace las tareas* –¡milagros!

Como hombres y mujeres de Dios que enseñamos, debemos exigirnos a nosotros mismos ¡el *hacer con poder*! Y este *hacer* debe incluir irrumpir en lo imposible– a través de signos y maravillas.

Los maestros de la Biblia deben instruir a los fines de explicar *lo que recién han hecho* o *lo que están por hacer*. Aquellos que se restringen a sí mismos a meras palabras limitan su don, y pueden, sin intención, conducir a los creyentes al orgullo al incrementar el conocimiento sin un aumento de conciencia respecto a la presencia y poder de Dios. Es en las trincheras de ministerio similar al de Cristo donde debemos aprender a tornarnos totalmente dependientes de Dios. Moverse hacia lo imposible a través de la confianza en Dios hace corto circuito con el desarrollo del orgullo.

EXPERIENCIA PERSONAL

En 1987, concurrí a una de las conferencias de John Wimber sobre signos y maravillas en Anaheim, California. Salí de la conferencia desilusionado. Todo lo que se enseñaba, incluyendo las ilustraciones, ya lo había enseñado. La razón por la cual me sentí desilusionado radicaba en el hecho que ellos tenían fruto por lo que ellos creían. Todo lo que yo tenia, era una buena doctrina.

Llega un momento en que el conocimiento de la verdad, simplemente, ya no satisface. Si no modifica las circunstancias para siempre, ¿cuan bueno es entonces? Comenzó entonces una seria reexaminación de mis prioridades personales. Era obvio que ya no podía esperar que sucedieran cosas buenas simplemente porque creía que sucederían – o al menos que deberían suceder. Había un factor de riesgo al cual yo no había entrado – Wimber lo denomino *fe*. La enseñanza DEBE ser seguida por la *acción* que da lugar a Dios. [7]

Las cosas cambiaron de inmediato. Ore por gente y vi milagros. Fue glorioso, pero no me llevo mucho tiempo descubrir que también había muchas personas que no habían sido curadas. El desaliento volvió, y el ansia de riesgos disminuyó.

En mi primer viaje a Toronto, en marzo de 1995, Le prometí a Dios que si Él me tocaba nuevamente, nunca mas me tiraría hacia atrás. Que nunca más *cambiaria de tema*. Mi promesa significaba que yo me daría a mí mismo totalmente al Espíritu Santo, con las plenas manifestaciones de Sus dones – el único propósito de mi existencia. Y que jamás me desviaría de su convocatoria – ¡sin importar que! Él me tocó, y lo he seguido sin fallarle.

RESISTIR LA INFLUENCIA DE NUESTRA PROPIA CULTURA

Nuestra cultura ha castrado el rol del maestro. Es posible concurrir a la universidad, obtener un diploma, y nunca haber recibido ninguna enseñanza de alguien que alguna vez haya sido propietario de un comercio. Valoramos los conceptos e ideas por encima de los resultados. Desearía que ello solo perteneciera a las escuelas seculares – pero la cultura, que valora a las ideas por encima de la experiencia, le ha dado una forma a la mayoría de nuestras escuelas bíblicas, seminarios y denominaciones. Muchos de los movimientos de hoy en día ha hecho una virtud respecto a *permanecer en el camino* sin una experiencia de Dios.

Aun para empeorar las cosas, aquellos que hablan de un modo subjetivo de una experiencia son, con frecuencia, considerados sospechosos, y aun peligrosos. Pero no se puede conocer a Dios separado de la experiencia. Randy Clark, el hombre que Dios utilizó para iniciar los fuegos de la resucitación en Toronto en 1994, lo expuso del siguiente modo: "Cualquiera que no tenga una experiencia con Dios, no conoce a Dios." Él es una persona, no una filosofía o un concepto. Es tiempo que aquellos que hayan tenido un encuentro con Dios dejen de complacer al temor haciendo que sus historias se desvanezcan. Debemos abrir el apetito de la gente de Dios por mas cosas relacionadas con lo sobrenatural. El testimonio tiene la habilidad de sacudir esa clase de hambre.

EL REINO REALIZADO

A medida que nuestros equipos de ministerio viajan alrededor del mundo, esperamos que ciertas cosas sucedan. La curación, la liberación y las conversiones son los frutos de nuestra labor. Mientras que casi nunca enseñamos acerca del tema de la curación, es uno de los resultados más comunes. ¡A medida que proclamamos el mensaje del Reino de Dios, la gente se pone bien! Parece que el Padre dijera: *¡Amen!* a Su propio mensaje confirmando la palabra con Su poder.[8] Pedro sabía esto cuando oraba para tener coraje durante sus prédicas, esperaba que Dios le respondería extendiendo Su mano para curar, y que los signos y maravillas ocurrirían en el nombre de Su santo Siervo Jesús." [9] Dios ha prometido avalar nuestro mensaje con poder si nuestro mensaje es el Evangelio de Su Reino.

EL PODER CONTRA EL ORGULLO

Los problemas que encaramos hoy en día no son nuevos. El apóstol San Pablo se preocupaba mucho por la iglesia de los corintios, ya que estaban siendo atraídos por un evangelio sin poder.

No os escribo estas cosas para avergonzaros, sino más bien para amonestaros como a hijos míos queridos. Pues aunque hayáis tenido 10.000 pedagogos en Cristo, no habéis tenido muchos padres. He sido yo quien, por el Evangelio, os engendré en Cristo Jesús. Os ruego, pues, que seáis mis imitadores.

Por esto mismo os he enviado a Timoteo, hijo mío querido y fiel en el Señor; él os recordará mis normas de conducta en Cristo, conforme enseño por doquier en todas las Iglesias.

Como si yo no hubiera de ir donde vosotros, se han hinchado algunos. Mas iré pronto donde vosotros, si es la voluntad del Señor; entonces conoceré no la palabrería de esos orgullosos, sino su poder, que no está en la palabrería el Reino de Dios, sino en el poder.

Ya que el reino de Dios no yace en la palabra, sino en el poder
— Primera Carta a los Corintios 4:14-20

San Pablo comienza por el contraste entre maestros y padres. Los maestros mencionados fueron diferentes de la clase de maestros que Jesús intento que tuviera la iglesia. San Pablo admite que ellos puedan ser creyentes, al decir estos instructores están "en Cristo". Pero observad que luego se refiere a ellos como que están llenos de orgullo, "hinchados."

En esta era de post denominación vemos un movimiento de creyentes sin precedentes reuniéndose alrededor de los padres espirituales (sin genero especifico.) En tiempos pasados nos reuníamos alrededor de determinadas verdades, las cuales condujeron a la formación de denominaciones. La fortaleza de dicha reunión es el acuerdo evidente en la doctrina, y usualmente en la práctica. La debilidad yace en que no permite mucha variedad o cambio. Al terminar el siglo XX, la gente que recibió el bautismo del Espíritu Santo con el don de hablar distintas lenguas ya no era bienvenidos en muchas de estas iglesias, debido a que la mayoría de las denominaciones se aferraban de declaraciones de fe escritas en piedra.

Pero ahora, esta fuerza de gravedad hacia los padres esta ocurriendo aun dentro de las denominaciones. Una reunión de creyentes como esa, permite las diferencias existentes en doctrinas no esenciales sin provocar una división. Muchas personas consideran que este movimiento es una restauración del orden apostólico de Dios.

La segunda preocupación de San Pablo radica en la condición de orgullo de sus hijos espirituales. San Pablo lo remarca al contrastar la lealtad contra el orgullo, lo cual definió como la condición de estar *"hinchado."* San Pablo tenia la preocupación de que las teorías del bien publico les tenderían una trampa. El carisma personal es, con frecuencia, mas valorado por la iglesia que el ungimiento o la verdad. La gente de poco carácter puede, frecuentemente, tener posiciones de liderazgo en la iglesia si tienen personalidad. San Pablo hallaba este tema particularmente problemático. Había trabajado duramente para atraer a los corintios hacia la fe. Había optado por no *pasmarlos* con todo lo que sabia. De hecho, los condujo hacia un encuentro con el Dios de todo poder Quien se transformaría en el ancla de su fe. [10] Pero ahora, los que daban sermones habían venido a la escena. La respuesta de San Pablo fue enviarles a alguien como él mismo – a Timoteo. Necesitaban un recordatorio respecto a como era su padre espiritual. Esto les ayudaría a volver a calibrar su sistema de valores para imitar a la gente de sustancia, ¡qué también es gente de poder!

San Pablo hace una declaración sorprendente a los fines de clarificar la opción correcta. Dijo: "El Reino de Dios no se halla en la palabra sino en el poder." [11] El lenguaje original lo expone de este modo – "El Reino de Dios no se halla en el logos sino en el *dunamis.*" Aparentemente, habían tenido muchos maestros que habían sido buenos respecto al habla, pero que habían demostrado poco poder. Ellos no seguían el modelo que Jesús había establecido para ellos. *Dunamis* es "el poder de Dios desplegado e impartido en el darse en forma total y completa al Espíritu Santo." ¡Ese es el reino!

En dos de los capítulos anteriores, San Pablo basa la prioridad de su ministerio en *atraer a la gente de Corintio a un lugar de fe en el Poder de Dios.* [12] (dunamis.) Aquí Él se refiere al modo en que serian "atraídos" a fallar si las cosas no cambiaban. Cada vez que la gente de Dios se preocupa por conceptos e ideologías en vez de interesarse por una expresión de vida y poder similar a la de Cristo, se sienten "atraídos" a fallar, no importa cuan buenas sean esas ideas. La cristiandad no es una filosofía, es una relación. Es el encuentro de Dios que hace que los conceptos sean poderosos. Debemos exigirnos esto a nosotros mismos. [13] Debemos buscar hasta encontrar. [14]

PADRES CON PODER VS. MAESTROS CON SOLO PALABRAS

Padres	Maestros (no con posterioridad al ejemplo de Jesús)
Estilo de vida – Imitar a los padres	Estilo de vida – Reunirse alrededor de ideas (divisivo)
Actitud – Humildad	Actitud – Orgullo ("hinchado")
Ministerio - Poder	Ministerio – Muchas palabras
Foco – El Reino	Foco—Las enseñanzas

DIOS ES MÁS GRANDIOSO QUE SU LIBRO

"Vosotros estáis en lo incorrecto debido a que no conocéis ni las Escrituras ni el poder de Dios." [15].

En este párrafo Jesús reprocha a los Fariseos su ignorancia relativa a las Escrituras y al poder de Dios. Su reproche se halla dentro del contexto del *matrimonio* y de la *resurrección*, pero apunto a la ignorancia que afecta todas las áreas de sus vidas.

¿Cuál fue la causa? Ellos no permitieron que las Escrituras los condujeran hacia Dios. Ellos no comprendieron... no comprendieron realmente. La palabra *conocer* en este párrafo significa "experiencia personal.". Ellos intentaron aprender dejando dicha experiencia de lado. Eran los campeones de aquellos que pasan su tiempo estudiando la Palabra de Dios. Pero su estudio no los conducía a un encuentro con Dios. Se transformaba en un fin en sí mismo.

El Espíritu Santo es el *dunamis* del cielo. Un encuentro con Dios es, con frecuencia, un encuentro poderoso. Dichos encuentros varían de persona a persona conforme al designio de Dios. Y, es la falta de encuentros poderosos que conducen a la mala interpretación de Dios y de Su Palabra. La experiencia es necesaria para construir un verdadero conocimiento de la Palabra. Muchas personas temen la experiencia debido a que ésta los *podría* apartar de las Escrituras. Los errores de algunos han conducido a muchos a temer la búsqueda de la experiencia. [16] Pero ¡es ilegitimo permitir que el temor nos impida buscar una experiencia mas profunda con Dios! Dicho temor provoca una falla que se halla en el otro extremo, el cual es culturalmente más aceptable, pero significativamente peor respecto a la eternidad.

Dios hace lo que Le place. Mientras se mantiene fiel a Su Palabra, Él no evita actuar fuera de nuestra comprensión de ella. Por ejemplo, es un Dios de Amor que odia a Esaú. [17] Él es Aquel que respetuosamente ha sido llamado caballero, aun así, hizo caer a Saúl de su burro *18* y levanto a Ezequiel del suelo tomándolo por su cabello. [19] Él es la estrella brillante de la mañana [20] quien se vela a Sí Mismo en la oscuridad. [21]. Él odia el divorcio, [22] aunque Él Mismo está divorciado. [23] Este listado de ideas conflictivas similares podría continuar durante mucho mas tiempo que cualquiera de nosotros pudiera tolerar. Aun así, esta tensión incomoda ha sido diseñada para que permanezcamos siendo honestos y verdaderamente dependientes del Espíritu Santo para comprender quien es Dios y que es lo que nos está diciendo a través de Su libro. Dios es tan extraño respecto a nuestras maneras naturales de pensar que solamente vemos lo que Él nos muestra – y solo podemos comprenderlo a través de la relación.

La Biblia es la Palabra absoluta de Dios. La Biblia revela a Dios; el obvio, el inexplicable, el misterioso, y con frecuencia, ofensivo. Revela toda la grandeza de nuestro Dios. Aun así, no Lo contiene. Dios es más grandioso que Su libro.

La resucitación esta mezclada con muchos de estos dilemas – Dios haciendo lo que jamás Le hemos visto hacer antes, todo para confirmar que Él es quien Él dice ser en Su Palabra. Tenemos el conflicto interno de seguir a Aquel que no cambia, pero que aun promete hace nuevas cosas en nosotros. Esto se torna aun más confuso cuando intentamos ajustar esas cosas nuevas dentro del molde hecho por nuestras experiencias pasadas.

No todos los individuos manejan bien este desafío. Muchos de ellos esconden su necesidad de estar en control detrás del cartel que dice"permaneced anclado a la Palabra de Dios." Al rechazar a aquellos que son diferentes de los demas, exitosamente se protegen a si mismos de la falta de comodidad y del cambio por el cual han estado orando.

MAPA DE RUTA O GUÍA TURÍSTICA

La forma aceptable de estudiar las Escrituras ubica al poder de la revelación en las manos de cualquiera que pueda costear el libro "Strong's Concordance" (es una herramienta útil para estudiar las Escrituras de una manera sencilla) y algunos otros materiales de estudio variados. Tomaos el tiempo y aprenderéis algunas cosas maravillosas. No deseo desestimar un enfoque regular y disciplinado para el estudio, ni ciertamente estas herramientas de estudio maravillosas, ya que es Dios que nos abre el apetito de aprender. Pero, en realidad, la Biblia es un libro cerrado. Cualquier cosa que obtenga de la Palabra sin Dios no cambiara mi vida. Se aproxima a asegurar que permanezco dependiente del Espíritu Santo. Es ese enfoque desesperado de las Escrituras que deleita el corazón de Dios. *"Es la gloria de Dios ocultar algo, pero la gloria de los reyes radica en la búsqueda de ese algo."* [24] A Él le encanta alimentar a aquellos que verdaderamente tienen hambre.

El estudio de la Biblia es, con frecuencia, promovido de tal forma, con el fin que hallemos las formulas para vivir. Ciertamente, existen principios que yacen de la A a la Z. Pero, con frecuencia, esa clase de enfoque hace que la Biblia se convierta en un mapa de ruta. Cuando trato la Biblia como un *mapa de ruta*, vivo como si pudiese hallar mi camino a través de mi propia comprensión respecto a Su libro. Creo que esta perspectiva de las Escrituras, en realidad, describe como vivir de acuerdo a la ley, y no como vivir de acuerdo a la gracia. Vivir conforme a la ley en donde yace la tendencia a desear una lista de límites preestablecidos, y no una relación. Mientras que tanto la Ley como la Gracia tienen mandamientos, la Gracia viene con una habilidad "empotrada" para obedecer lo que es ordenado. Conforme a la Gracia, no obtengo un mapa de ruta... obtengo una guía de turismo – el Espíritu Santo. Él dirige, revela, y me fortalece para *ser* y *hacer* lo que dice la Palabra.

Existen muchos conceptos que la Iglesia sostiene como deseos a los fines de mantener una devoción hacia las Escrituras. Pero algunos de estos conceptos, en realidad, trabajan en contra del valor verdadero de la Palabra de Dios. Por ejemplo: muchas personas que rechazan el movimiento del Espíritu Santo han expuesto que la Iglesia no necesita signos ni maravillas debido a que tiene la Biblia. Aun así, esa enseñanza contradice la misma Palabra que intenta exaltar. Si tú le asignas a un grupo de diez creyentes la tarea de estudiar la Biblia para encontrar el corazón de Dios para esta generación, ninguno de ellos llegara a la conclusión que los dones espirituales no son para hoy en día. ¡Tienen que enseñaros ese tema! La doctrina que expone que *los signos y maravillas ya no son necesarios debido a que tenemos la Biblia* fueron creados por gente que no había visto el poder de Dios y necesitaba una explicación para justificar sus propios iglesias carentes de poder.

La revelación que no conduce a un encuentro con Dios solamente sirve para hacerme más religioso. A menos que las Escrituras me conduzcan a Él, solamente estaré mejor equipado para debatir con aquellos que no están de acuerdo con mi modo de pensar.

"El conocimiento llena de orgullo..." [25] San Pablo no menciono el conocimiento *no bíblico*, o el conocimiento *carnal*. El conocimiento, incluyendo aquel que procede de las Escrituras, tiene el potencial de hacerme sentir orgulloso. Entonces, ¿cómo me puedo proteger a mí mismo del orgullo que procede del conocimiento, aun cuando proceda de la Biblia? ¡Debo estar seguro que me conduce hacia Jesús!

El orgullo que procede del mero conocimiento de la Biblia es divisivo. Crea un apetito por nuestra opinión propia. "Aquel que habla por sí mismo, busca su propia gloria; pero Aquel que busca la gloria del que Lo envió es fiel, y no hay justicia en Él." [26] Aquellos que son entrenados sin la revelación que los conduce a Él, son entrenados para hablar por sí mismos, para su propia gloria. Este enfoque del conocimiento sin un encuentro con Dios, le declara la guerra a la verdadera justicia.

No solamente sufre la justicia, sino que también sufre la fe. ¿"Cómo podéis creer en aquellos que reciben honores uno del otro, y no buscan el honor que procede solamente

De Dios?" [27] Ese deseo de gloria del hombre, de algún modo, desplaza a la fe. El corazón que solo siente temor de Dios – aquel que busca en primer lugar a Su Reino y desea que Dios reciba todo el honor y la gloria – ese es el corazón donde nace la fe.

La misión del cielo radica en infiltrar sus realidades en la tierra. Todas las enseñanzas deben conducirnos hacia ese fin, ya que entrenarse en el Reino tiene un propósito. Estamos siendo entrenados para manejar una empresa familiar. Este es el descubrimiento que veremos en el próximo capitulo.

NOTAS DE CIERRE

1. Evangelio según San Juan 3:2.

2. Evangelio según San Mateo 4:23.

3. Evangelio según San Mateo 9:35.

4. Evangelio según San Mateo 10:7, 8.

5. Evangelio según San Lucas 10:9.

6. Evangelio según San Juan 14:10

7. Otorgarle lugar a Dios no significa que Él no se pueda mover sin nuestra aprobación. Simplemnte significa que Él se deleita con nuestra invitación.

8. Ver Evangelio según San Marcos 16:20.

9. Libro de los Hechos 4:29-30 NASB. (Nueva Biblia estadounidense)

10. Ver Primera Carta a los Corintios 2:1-5.

11. Primera Carta a los Corintios 4:20

12. Ver Primera Carta a los Corintios 2:5.

13. Seria muy fácil, a estas instancias, pensar que solo me estoy refiriendo al poder como aquel que cambia una condición física en el cuerpo o algún problema en la naturaleza. Ciertamente incluye esta clase de situaciones. Debemos recordar que el amor de Dios es la fuerza más grande del universo. Puede transformar una vida como nada mas lo puede hacer. No podemos tan solo utilizar este hecho como una excusa para evitar las necesidades obvias de las personas enfermas y atormentadas que se hallan alrededor de nosotros. Debemos ser movidos por el amor de Dios para resaltar el hecho que buscamos Su rostro ¡Hasta qué estemos *cubiertos con el Poder de lo alto!*

14. Ver Evangelio según San Lucas 11:10.

15. Evangelio según San Mateo 22:29 NLT.

16. Ser engañados no comenzó con creer en algo que se hallara fuera de las Escrituras. Comenzó con un corazón lleno de compromiso. Ya que nadie es jamás engañado excepto que se hallan comprometido en primer lugar. Ver Timoteo 1:18-19

17. Ver Malaquies 1:2-3.

18. Ver Libro de los Hechos 9:4.

19. Ver Libro de Ezequiel. 8:3.

20. Ver Libro de la Revelación 22:16.

21. Ver Salmos 97:2.

22. Ver Malaquies 2:16.

23. Ver Jeremías 3:8.

24. Proverbios 25:2.

25. Primera Carta a los Corintios 8:1.

26. Evangelio según San Juan 7:18.

27. Evangelio según San Juan 5:44.

9

Las Obras del Padre

Si no hago las obras del Padre no me creáis. [1]

Ya que el Hijo de Dios ha sido manifestado con este propósito, para que destruya las obras de demonio. [2]

Hace cuatrocientos años, los profetas hablaban de la venida del Mesías. Dieron aproximadamente 300 detalles específicos que Lo describían. ¡Jesús reunía todos esos detalles! Los ángeles también dieron testimonio de Su divinidad cuando vinieron con un mensaje para los pastores: "Ya que hoy ha nacido para vosotros... un Salvador, que es Cristo el Señor." [3] La naturaleza en si misma dio testimonio del arribo del Mesías con la estrella que guió a los hombres sabios. [4] Aun así, con la siguiente declaración, "Si no hago las obras del Padre no me creáis", [5] Jesús puso la credibilidad de todos estos *mensajeros* en un extremo. Sus ministerios hubieran sido en vano sin un ingrediente mas que confirmara quien era Él en realidad. Ese ingrediente eran los *milagros*.

Jesus le dio a la gente el derecho al descreimiento si no había demostración de poder en Su ministerio. Ansío ver el día en que la Iglesia haga esta declaración al mundo. *Si no estamos haciendo los milagros que hizo Jesús, no tendréis que creeros.*

AUN CUANDO ERA NIÑO, JESÚS SABÍA CUAL ERA SU DESIGNIO

Los versículos mencionados al principio de este capítulo tratan dos temas – *hacer las obras del Padre, y destruir las obras del demonio*. Estos dos temas son inseparables. Ayudan a clarificar el propósito de la venida de Cristo. Él era atraído por una pasión sobrecogedora: la de agradar a Su Padre celestial.

La revelación de Sus prioridades comenzó mucho antes que empezara Su ministerio. Él solo tenia doce años. Jesús se perdió con posterioridad a haber viajado con María y José durante varios días desde Jerusalén. Ellos volvieron a buscar a su hijo de doce años que se había perdido.

Nosotros solamente nos podemos imaginar lo que debe haber atravesado por sus mentes durante sus tres días de separación. Él era su niño milagroso... El prometido. ¿Lo perdieron debido a la falta de cuidado? ¿Era su tarea criarlo hasta el final? ¿Habían fallado?

Finalmente Le encontraron en el templo ¡conversando acerca de las Escrituras con los adultos! No cabe duda que se sintieron felices y aliviados. Pero, en realidad, probablemente estaban un poco contrariados. Para empeorar las cosas, Jesús no parecía estar preocupado en lo absoluto respecto a la ansiedad de sus padres. De hecho, Él pareció sorprenderse cuando ellos Le dijeron que no sabían dónde podría estar. No hubo una disculpa, ni explicaciones, tan solo una declaración acerca de Sus prioridades: ¿"No sabias que debo ocuparme de las cosas de Mi Padre?" [6] Aquí comenzó el propósito de la revelación. Aun a muy temprana edad, Él parecía no demostrar preocupación alguna respecto a la probabilidad de haber causado una ofensa en Su intento por obedecer a Su Padre celestial. Pensad acerca de ello, cualquier temor respecto a lo que la gente podía pensar de Él no existía a la edad de 12 años. Él se negó a permitir la posibilidad de un malentendido y de un conflicto que Le apartaran de los propósitos de Su Padre.

Todas las primeras y únicas palabras de Jesús registradas durante Su juventud son relativas a Su propósito. Obedecer al Padre era Su única ambición. Esas palabras eran suficientes. Con posterioridad, durante Su adultez, Él confeso que obedecer al Padre seguía siendo Su prioridad. En realidad, fue lo que Le *nutrió* – "Mi alimento es hacer la voluntad de Aquel que me ha enviado." [7]

UNA MISIÓN RIESGOSA

¿Jesús se había olvidado de decirles a María y a José donde estaría? O, ¿Él hizo lo que hizo dándose cuenta que afectaría a otros del modo en que los afligió? Creo que esta opción es la correcta: Él estaba dispuesto a arriesgarse a ser malentendido. Los asuntos del Padre, con frecuencia requieren de tal riesgo. Recordad, que Él aun no había ganado la credibilidad que tuvo posteriormente en Su vida; todavía no había habido conmovedores sermones, ni curaciones, ni agua que se transformara en vino, ni resurrección de los muertos, ni despojo de demonios. Él era simplemente un niño de 12 años con prioridades que eran diferentes de las cualquier otra persona.

Dieciocho años mas tarde, al comienzo de Su ministerio, se lo encuentra a Jesús enseñando a Sus discípulos lo que Él había intentado enseñarle a Su madre y a Su padre: La prioridad de los asuntos de Su Padre. Todas las declaraciones tales como, "No puede hacer nada por Mí mismo," [8] "Yo no busco Mi propia voluntad sino la voluntad del Padre," [9] y "Siempre hago las cosas que le placen a Él."[10], testifican Su total dependencia en el Padre, y Su única pasión por complacerle a Él solamente.

UNA COSTUMBRE JUDÍA

Era costumbre de un padre judío llevar a su hijo a la plaza de la ciudad cuando alcanzara la condición de hombre. Anunciaría a la ciudad que su hijo era igual a él mismo en todos los asuntos respectivos, significando que cuando estaban tratando con el hijo, estaban tratando con el padre. Al hacerlo, anunciaría a toda la ciudad, "Este es mi hijo muy amado, en quien me complazco plenamente.

En el momento en que Jesús fue bautizado con agua, cuando Él tenia 30 años, el profeta Juan el Bautista pronuncio que Jesús era "El Cordero de Dios que quita los pecados del mundo." [11]. El Espíritu Santo cayo sobre Él, cubriéndolo con Su poder, haciendo posible que Él llevara a cabo Su propósito. Luego el Padre habló desde el cielo, "Este es M Hijo muy amado, en Quien Me complazco plenamente." [12]

En ese momento, tanto el Padre como el Espíritu Santo afirmaron el propósito principal del Hijo de Dios, que radicaba en revelar y llevar a cabo los asuntos del Padre. Jesús expuso los detalles de este rol en Su primer sermón: "El Espíritu del Señor se halla en Mi, porque Él Me ha ungido para predicar el evangelio a los pobres; Él me ha enviado a Mí para curar a los enfermos de corazón, para proclamar la libertad de los que se hallan cautivos y recuperar la vista de los ciegos, para liberar a los oprimidos; para proclamar el aceptable año del Señor."[13] La vida de Jesús ilustraba lo que era el pronunciamiento – traer la salvación al espíritu, al alma y al cuerpo del hombre, de ese modo destruyendo las obras del demonio.[14] Esta fue una expresión de un reino que crece en forma permanente, [15] y que se despliega ante nosotros en forma constante.

EL ESLABÓN PERDIDO

El secreto de Su ministerio se ve en Sus declaraciones: "El Hijo no puede hacer nada por Si Mismo sino lo que ve hacer al Padre... el Hijo también lo hace del mismo modo," [16] y "Yo hablo al mundo las cosas que He escuchado de Él." [17] Su obediencia ubicó la recompensa del cielo en un curso de contraste contra la desesperada condición de la humanidad sobre la tierra. Fue Su dependencia en el Padre que trajo la realidad del Reino a este mundo. Es lo que Le capacito para decir, ¡"El Reino de los Cielos esta cerca!"

Jesús mostraba el corazón del Padre. Todas Sus acciones eran expresiones terrenales de Su Padre en los cielos. El Libro de Hebreos denomina a Jesús la exacta representación de la naturaleza de Su Padre. [18] Jesús decía, "Si vosotros Me habéis visto, habéis visto a mi Padre." [19] Esta vida de Jesús es una revelación del Padre y de Sus asuntos. Es el corazón de esos asuntos para dar vida a la humanidad, [20] y destruir todas las obras del destructor. [21]

Jesús continua señalando el camino hacia el Padre. Ahora se ha transformado en nuestra tarea, por medio del Espíritu Santo, descubrir y mostrar el corazón del Padre, dando vida y destruyendo las obras del demonio.

ACERCA DEL PADRE

La mayoría de los Fariseos pasaban sus vidas sirviendo a Dios ¡sin haber descubierto jamás el corazón del Padre! Jesús ofendía a esos lideres religiosos, en su mayoría, porque Él demostraba lo que el Padre deseaba. Mientras que los Fariseos pensaban que Dios se preocupaba por el Sabbath, Jesús trabajaba para ayudar a aquellos para los cuales se había creado el Sabbath. Estos lideres estaban acostumbrados a que los milagros de las Escrituras permanecieran en el pasado. Pero Jesús irrumpió en sus "zonas cómodas" introduciendo lo sobrenatural en sus ciudades. Co cada milagro Él le mostraba a toda la comunidad religiosa los *asuntos del Padre*. A los efectos que ellos los adaptaran, todo tendría que haber sido revisado. Era más fácil llamarle mentiroso, declarar que Sus obras eran obras del demonio y eventualmente asesinar a Aquel quien les recordaba lo que debía ser modificado.

La comprensión relativa a que los asuntos del Padre están relacionados con los signos y maravillas no es una garantía que implica que nosotros verdaderamente cumpliremos con el propósito de Dios en nuestras vidas. Radica en muchas más cosas que hacer milagros, o aun obtener conversiones. Las intervenciones sobrenaturales de Dios fueron realizadas para revelar el corazón extravagante del Padre a la gente. Cada milagro es una revelación de Su naturaleza. Y en esta revelación se halla implícita una invitación a la relación.

El error cometido por los Fariseos es un error que nosotros podemos repetir muy fácilmente. No entendían ni conocían el corazón del Padre. Y, existen muchas actividades cristianas que no tienen relación con el valor supremo. En este momento necesitamos mucho mas que aprender a identificar nuestros dones personales o descubrir el modo en que seriamos mas exitosos respecto a nuestro ministerio. Necesitamos al Padre en Sí Mismo. Necesitamos Su presencia – la Suya solamente. El evangelio es la historia del modo en que el Padre se gana los corazones de la humanidad a través de Su amor. Todo lo demas que hacemos, rebalsa dicho descubrimiento.

LA ALEGRÍA Y EL PODER DE TODO MINISTERIO

Podemos viajar alrededor del mundo y predicar el evangelio, pero, sin una revelación personal del corazón del Padre, estamos llevando una noticia de "segunda mano" – una historia sin una relación. Podría salvar a la gente debido a que es verdadera, pero hay mucho más. Jesús, a la edad de 12 años, no enseñó una lección: Debemos atender los asuntos de nuestro Padre. Y los asuntos del Padre fluyen de Su corazón. Cuando descubrimos esto, hallamos pues tanto la alegría del ministerio como el poder del mismo – hallaremos Su presencia.

La renovación que comenzó en Toronto en 1994 se ha estado expandiendo alrededor del mundo desde aquel momento. Su foco principal está puesto tanto en el corazón del Padre como en la presencia del Espíritu Santo. En un sentido, es lo mismo, o deberíamos decir, son *distintos lados de una misma moneda*. Su presencia siempre revela Su corazón.

Del mismo modo que Jesús revelo el corazón del Padre a Israel, la Iglesia debe *ser una manifestación* del corazón del Padre al mundo. Somos los portadores de Su presencia, hacedores de Su voluntad. Dar lo que hemos recibido Le libera en situaciones previamente aferradas al mundo de la oscuridad. Esta es nuestra responsabilidad y nuestro privilegio.

TODOS SOMOS CANDIDATOS

Todas las personas de nuestra comunidad constituyen una meta para el amor de Dios. No hay excepciones. Los testimonios de transformación radical proceden de todos los sectores de la sociedad y de todo sitio concebible – escuelas, trabajo, hogares, centros comerciales y negocios, y aun parque, calles, y refugios para los que no tienen vivienda. ¿Por qué? Existe una "empresa" creciente de personas que tienen en mente los asuntos del Padre. Conscientemente, Le llevan dondequiera que vayan.

Cuando a Jasón, uno de nuestros estudiantes, le solicitaron que se presentara en la corte en calidad de miembro de un jurado, él fue con los asuntos de Padre en su mente. Mientras caminaba desde el lugar de aparcamiento hacia el edificio de los miembros del jurado, vio dos hombres jóvenes que parecían estar perturbados. El Señor comenzó a hablarle a Jasón acerca del mayor de los dos hombre. Mientras llevaba a cabo su ministerio con él, el hombre expuso problemas específicos que tenia con su padre. Se dio cuenta que Jasón no podría haber sabido lo que ocurría sin que Dios se lo hubiere mostrado. [22] Por lo tanto, el joven recibió a Cristo.

Jasón finalmente, logro llegar al edificio de selección del jurado. Durante un prolongado recreo, comenzó a orar para que Dios lo guiara. Observo que había un hombre, al otro lado de la sala, que estaba sentado en una silla de ruedas. Era eléctrica, de la clase de las que se mueven mediante una palanca que tienen en uno de los brazos de la silla.

Con posterioridad a una breve conversación con él, Jasón descubrió que el hombre también era un creyente. Jasón lo animo con las promesas de Dios y luego le pidió que lo mirara. Sostuvieron sus manos y oraron. La fortaleza penetró el cuerpo del hombre a medida que el dolor desaparecía. Jasón le dijo que se pusiera de pie.

El caballero pregunto, ¿"Qué pasa si me caigo?"

A lo que Jasón respondió, ¿"Qué pasa si no se cae?"

Era suficiente para traer el coraje necesario, y delante de todos las demas personas que se hallaban en la sala, el hombre se puso de pie, sacudiendo sus brazos y saludando. Habían pasado años desde que había sido capaz de ponerse de pie. Jasón miró a la gente y declaró, ¡"Dios esta aquí para curar!"

Antes que ese día terminara, dos personas mas habían recibido el toque de curación de Jesús. Esos son los asuntos del Padre, y cada creyente tiene un rol que desempeñar al llevar a cabo nuestro privilegiado designio

REDESCUBRIENDO EL PROPÓSITO

Tenemos el privilegio de redescubrir el propósito original de Dios para Su pueblo. Nosotros, quienes ansiamos por ello, debemos seguirle con abandono total. La siguiente es una lista de cosas para hacer a los fines de contribuir con vosotros para que vuestro seguimiento sea practico:

1.**Oración** — sed específicos e implacables al orar por milagros en cada una de las etapas de vuestra vida. Traed las promesas de Dios ante Él en vuestro seguimiento. Él no ha olvidado lo que Él ha dicho y no necesita nuestro recordatorio. Sin embargo, Él disfruta veros parados frente a Su convenio cuando oramos. La oración junto al ayuno debe constituir una parte integral de esta búsqueda, ya que Él reveló que esto representaba una manera importante de avanzar. [23] Yo aun oro por enfermedades específicas aunque estoy viendo que no avanzan.

2. **Estudio**— el lugar más obvio para el estudio se halla en las Escrituras. Pasad meses leyendo y releyendo los Evangelios. Buscad modelos a seguir. Observad, especialmente, todas las referencias del Reino, y rogad a Dios para que abra los misterios del Reino a vosotros. [24] El derecho a comprender tales

cosas le pertenece a los santos quienes son capaces de obedecer. Otro gran sitio para estudiar es hallar todas las referencias de la "reforma", esos periodos de transformación por los cuales atravesó Israel bajo diferentes lideres (resucitador)[25] en las Escrituras. Algunos de los buenos sitios para comenzar se hallan en el Libro de David, Esdras, Zacarías, y Nehemías. Sus vidas se han tornado en mensajes proféticos para nosotros. El hambre atrae todo estudio verdadero. Si no tenéis preguntas, no reconoceréis las respuestas.

3.**La Lectura** — Encontrad los libros que han sido escritos por los generales de la armada de Dios – aquellos que verdaderamente son útiles. Existe una gran cantidad de información almacenada para aquellos que estén dispuestos a la búsqueda. No os olvidéis de los lideres de la gran resucitación de cura de la década de los años 1950. *Los Generales de Dios*, por Roberts Liardon, es un gran lugar para comenzar.

Si vosotros teméis leer acerca de aquellos que posteriormente cayeron en pecado y engaño (algunas de estas personas acabaron en desastres) no leáis a Gedeón, Sansón, los Proverbios de Salomón ni el Canto de Salomón. El autor de estos libros también acabó en tragedia. Debemos aprender a comer la carne y a descartar los huesos.

4. **Imposición de Manos**—Buscad a hombres y mujeres de Dios que porten ungimiento en sus vidas para los milagros. Dicho ungimiento puede ser transferido a otros a través de la imposición de manos. [26] Ocasionalmente, hay momentos durante el ministerio cuando tal individuo está dispuesto a orar por aquellos que desean un aumento del ungimiento. Yo he viajado mucho en busca de MÁS.

5. **Asociaciones**— El Rey David fue conocido por haber asesinado a Goliat durante Su juventud. Aun así, existen, por lo menos, otros cuatro gigantes asesinados, en las Escrituras – todos ellos asesinados por hombres que seguían a David, el asesino de gigantes. Si vosotros deseáis asesinar gigantes, permaneced cerca de un asesino de gigantes. Simplemente se borra.

La gracia es lo que nos permite vivir en el Reino, y, en parte, es recibida por el modo en que respondemos a los dones de Cristo: apóstoles, profetas, evangelistas, pastores y maestros. En realidad, recibimos la *gracia para funcionar* a partir de esos dones. Si estáis cerca de un evangelista, pensareis en forma evangélica. Lo mismo sucede cuando nos asociamos con aquellos que regularmente experimentan signos y maravillas en sus vidas.

6. **Obediencia**—No importa cuanta preparación se haga para incrementar el ungimiento para los milagros en una vida, nunca resulta fructífera sin obediencia radical. Yo debo buscar a los enfermos y a los atormentados a los fines de orar por ellos. Y si son curados, le rindo alabanzas a Dios. Si no son curados, aun rindo alabanzas a Dios y *sigo* buscando gente por quien orar. Hace mucho tiempo, aprendí que la mayoría de la gente es curada ¡cuando tú oras por mas gente! Hasta que no pongamos en práctica lo que sabemos, nuestro conocimiento no es mas que una teoría. El conocimiento real viene a través de la práctica.

EL PODER NO ES OPCIONAL

Jesús dijo, "Os envió tal como el Padre me Ha enviado." Él hacia las obras del Padre, y luego nos las transfería. En el próximo capitulo descubriremos que es importante, el carácter o el poder. La respuesta podrá sorprenderos.

NOTAS DE CIERRE

1. Evangelio según San Juan10: 37 NKJV (Nueva Versión del Rey Jaime)
2. Primera Carta de Juan 3:8.
3. Evangelio según San Lucas 2:11.
4. Ver Evangelio según San Mateo 2:1.
5. Evangelio según San Juan 10:37.
6. Evangelio según San Lucas 2:49.
7. Evangelio según San Juan 4:34.
8. Ver Evangelio según San Juan 5:19.
9. Evangelio según San Juan 5:30.
10. Evangelio según San Juan 8:29.
11. Evangelio según San Juan 1:29.
12. Evangelio según San Mateo 3:17.
13. Evangelio según San Lucas 4:18-19.
14. Ver Primera Carta de Juan 3:8.
15. Ver Libro de Isaías 9:7.
16. Evangelio según San Juan 5:19.
17. Evangelio según San Juan 8:26.
18. Ver Hebreos 1:3 NASB. (Nueva Biblia estadounidense)

19. Ver Evangelio según San Juan 14:9.

20. Ver Evangelio según San Juan 10:10.

21. Ver Primera Carta de Juan 3:8.

22. Eso es lo que denominamos una *palabra de conocimiento*. Un creyente sabe algo acerca de otro que no podría haber sabido jamás sin que Dios se lo revelara. Dios, con frecuencia, utiliza este don para permitir que la persona sepa que a Él le interesa. Ello sacude su fe para que sean capaces de recibir el milagro que sigue a continuación.

23. Ver Evangelio según San Marcos 9:29.

24. Ver Evangelio según San Mateo 13:11.

25. Probablemente, uno no encontrara la palabra "reforma" en las Escrituras. Encontrad párrafos que se hallen relacionados con las vidas de estos individuos y buscad las descripciones de la renovación espiritual o reforma en la historia de Israel.

26. Ver Timoteo 2 1:6.

10

La Impotencia: Innecesaria y Desequilibrada

No me impresiona la vida de nadie, excepto que la persona tenga integridad.
Pero no me siento feliz respecto a sus vidas hasta que se tornen en peligro.[1]
En la medida que tengo la habilidad de hacer eso, ¡no permitiré a aquellos
que me rodean que simplemente se contenten con ser personas agradables!

Muchos creyentes tienen como prioridad principal en su vida el ser ciudadanos bien respetados de su comunidad. El buen carácter nos posibilita ser sólidos contribuyentes de nuestra sociedad, pero la mayoría de lo que es reconocido como un estilo de vida cristiano puede ser logrado por personas que ni siquiera conocen a Dios. Cada creyente debería ser altamente respetado Y MÁS. Es el *y más* de lo que, con frecuencia, carecemos.

Mientras que el carácter debe hallarse en el corazón de nuestros ministerios, el poder revoluciona al mundo alrededor de nosotros. Hasta que la Iglesia retorne al modelo de Jesús en busca de revolucionarios verdaderos, seguiremos siendo reconocidos por mundo, meramente como gente agradable – mientras es rebalsado por la enfermedad y atormentado en su camino hacia el infierno.

Algunos cristianos, en realidad han considerado que es más noble optar por el *carácter* sobre el *poder*. Pero no debemos separarlos. Es una opción que no tiene justificativo alguno e ilegitima. Juntos, nos atraen al único tema real – la obediencia.

Una vez, mientras enseñaba a un grupo de estudiantes acerca de la importancia de los signos y de las maravillas en el ministerio del evangelio, un joven se aproximo diciendo, "Buscare signos y maravillas cuando sepa que poseo mas del carácter de Cristo en mi." Si bien suena bien, procede de una mente con una estructura religiosa, no un corazón abandonado al evangelio de Jesucristo. En respuesta al comentario del estudiante, abrí el Evangelios según San Mateo y leí lo que el Señor había expuesto: "Ved por lo tanto y haz discípulos de todas las naciones... enseñándoles a observar todas las cosas tal como Yo os he ordenado."[2] Luego, le pregunte, ¿Quien te ha dado el derecho de determinar cuando estas listo para obedecer Su mandamiento?

IMPRESIONANDO A DIOS

Hay alguien que piense que Dios se impresiona cuando Le decimos, "Yo te obedeceré cuando tenga un carácter más similar al Tuyo" Al carácter se le da forma a través de la obediencia. Jesús ordenó a Sus discípulos que fueran, y al ir, deberían enseñar todo lo que a ellos se les había enseñado. Y, parte de lo que les fue enseñado, fue el entrenamiento especifico respecto a como vivir y funcionar en lo milagroso. [3] A ellos les fue ordenado que "curaran a los enfermos, limpiaran a los leprosos, resucitaran a los muertos, y despojaran los demonios."[4] Y ahora, eran responsables por enseñar este requisito para el estilo de vida de todos aquellos que se tornarían en seguidores de Jesucristo. De este modo, *Su* estándar podría permanecer como el estándar – la norma para todos los que convocan el nombre del Señor para la salvación.

Muchas personas se consideran a sí mismas indignas de que Dios las utilice para los milagros, y, por lo tanto, nunca buscan ese dominio. ¿No resulta irónico que los cristianos desobedezcan a Dios por no buscar diligentemente los dones espirituales – no hacen imposición de manos sobre los enfermos ni buscan liberar a los que están poseídos por el demonio – debido a que basan su necesidad en obtener mas carácter? En ninguna de las comisiones que Jesús dio a Sus discípulos, Jesús no trató el tema del carácter de un modo especifico.

¿Es posible que el motivo por el cual hay tan pocos milagros en Norteamérica sea debido a demasiadas personas antes que nosotros pensaron que deberían transformarse en mejores cristianos con anterioridad a que Dios pudiera utilizarlos? ¡Sí! Esa simple mentira nos ha estancado en la inmadurez perpetua debido a que nos protege del encuentro con el poder que ha de transformarnos. El resultado es que hay conversos entrenados y sobre entrenados hasta que no tienen mas vida, visión o ingenuidad. Esta próxima generación de conversos debe ser manejada de una manera diferente. Nosotros debemos ayudarlos dándoles su identidad como modificadores del mundo, proveerlos con un modelo de carácter, pasión y poder, y, brindarles oportunidades para servir.

Mario Murillo lo expuso del siguiente modo, "Cuando él escoge una Biblia, no se concentra en la curación emocional o en el auto estima. Os preguntara dónde se a el gatillo y como debéis utilizarlo. Cuando lee la Palabra, deseara aplicarla para que se apodere de vecindarios para Dios!"[5]

EL UNGIMIENTO, UNA CLAVE PARA EL CRECIMIENTO PERSONAL

El carácter similar al de Cristo jamás puede ser plenamente desarrollado sin servir bajo el ungimiento. El ministerio ungido nos conlleva hacia un contacto con el poder necesario para la transformación personal.

Pero tanto el Antiguo como el Nuevo Testamento están repletos de grandes ejemplos de fortalecimiento para logros sobrenaturales. En la historia del Rey Saúl, se halla un principio importante. Dios habló diciéndole que el Espíritu del Señor había venido sobre él y lo transformo en otro hombre. 6 El ungimiento transforma al buque a través del cual fluye. Hay dos frases clave que siguen esta promesa:

1. "Dios me dio otro corazón."
2. "Luego el Espíritu de Dios vino sobre él y Él profesaba entre ellos" [los profetas].[7]

A Saúl se le dio la oportunidad de convertirse en todo lo que Israel necesitaba que él fuera (un rey con un corazón nuevo), y de aprender todo lo que necesitaba aprender, (escuchar a Dios y declarar Sus palabras – profecía.)

Yo tengo un querido amigo que tenia un enorme defecto respecto a su carácter, que espiritualmente lo paralizó a él y a su familia durante una estación completa. Aun así, durante este tiempo, aun tenia un ungimiento profético muy fuerte. No era la primera persona que pensara que su exitoso ministerio era un signo de la aprobación de Dios de su vida privada. Muchas personas han sido victimas de ese error durante años. Cuando lo confronte respecto a su pecado secreto, lloró con profunda pena.

Debido a su lugar de influencia en la iglesia, sentí una responsabilidad profunda de ponerlo bajo disciplina.[8] Ninguna organización es mas fuerte que su habilidad relativa a la disciplina de sus miembros, sea una empresa, un gobierno, la iglesia o la familia. Parte de mi restricción respecto a él fue impedirle que expusiera palabras proféticas durante una estación completa. Aceptó dicha instrucción tal como era necesario.

Con posterioridad a algunos meses de restricción, me comenzó a perturbar crecientemente la declaración relativa al Rey Saúl y la relación entre dicha declaración y mi amigo. Me di cuenta que si no le permitía efectuar su ministerio (bajo el ungimiento), estaría limitando su exposición a la misma cosa que sellaría y establecería su victoria. Cuando lo libere para que profetizara nuevamente, había una nueva pureza y poder en su voz. Fue su encuentro personal con el ungimiento en el ministerio lo que "lo transformó en otro hombre." [9]

LA FALSIFICACIÓN EXISTE

Un billete de cien dólares falso no anula el valor de uno que sea real. Del mismo modo, un don falso, abusado o abandonado no invalida nuestra necesidad del poder del Espíritu Santo para poder vivir como Jesús lo hizo.

Las monedas de un centavo no son falsificadas porque no vale la pena el esfuerzo. De la misma manera, el demonio solamente trabaja para copiar o distorsionar aquellas cosas en la vida de los cristianos que tienen el mayor de los efectos potenciales. Cuando veo a otras personas que han buscado grandes cosas en Dios pero han fallado, me siento motivado a *escoger lo que han dejado*. Esto me dice que hay un tesoro en ese campo, y estoy listo para buscarlo con imprudente abandono.[10] Los abusos de una persona nunca justifican la negligencia de otras.

Muchos de aquellos que se sienten incómodos frente a los abusos de poder, y la culpa subsecuente sobre la Iglesia, no se ofenden fácilmente respecto a la ausencia de signos y maravillas. Los ojos de los críticos se mueven rápidamente hacia aquellos que han intentado y fallado, sin tener en cuenta los incontables millones que confiesan la salvación en Jesús pero que nunca *buscan los dones* tal como fuere ordenado. Pero los ojos de Jesús observan, con rapidez, para ver si hay fe en la tierra – "Cuando Yo regrese, ¿encontrare fe en la tierra?"[11] Por cada charlatán, existen miles de buenos ciudadanos que logran poco o nada para el Reino.

EL PROPÓSITO DEL PODER

Muchas personas creen que Su poder existe solamente para ayudarnos a combatir el pecado. Esta comprensión disminuye enormemente el intento del Padre para que nosotros nos *convirtamos en testigos* de otro mundo. ¿No resulta extraño que nuestra vida cristiana completa se halla concentrada en combatir aquello que ya ha sido vencido? El pecado y su naturaleza han sido erradicados desde sus raíces. Muchas personas constantemente piden a Dios mas poder para vivir en la victoria. ¿Que más puede hacer Él por nosotros? Si Su muerte no ha sido suficiente, ¿hay algo mas? ¡Esa batalla ya ha sido peleada y ganada! ¿Es posible que el proceso de sacar a flote constantemente temas que son tratados por la sangre sea lo que, en realidad, ha dado vida a esas cuestiones?

Muchos individuos en la Iglesia se hallan acampados al costado incorrecto de la Cruz. El apóstol San Pablo habló de este tema cuando dijo, "Del mismo modo, vosotros también os consideráis a vosotros mismos verdaderamente muertos en el pecado, pero vivos en Dios en Jesucristo nuestro Señor."[12] La palabra *consideráis* señala nuestra necesidad de cambiar nuestras mentes. No necesito poder para combatir algo si estoy muerto en ello. Pero si necesito poder para tener audacia[13] para lo milagroso y para lo imposible.

Parte de nuestro problema es lo siguiente: estamos acostumbrados a hacer cosas por Dios que no son imposibles. Si Dios no aparece y nos ayuda, aun podemos tener éxito. Debe haber un aspecto de la vida cristiana que sea imposible sin la intervención divina. Ello nos coloca en el extremo y nos pone en contacto con nuestra verdadera convocatoria.

No os equivoquéis, el carácter es un tema supremo con Dios. Pero Su enfoque es mucho más diferente que el nuestro. Su justicia/ carácter no radica en "empotrarse" en nosotros a través de nuestros propios esfuerzos. Se desarrolla cuando dejamos de luchar y aprendemos a abandonarnos a nosotros mismos completamente a Su voluntad.

CUBIERTO DE PODER

Tan grande era la necesidad de poder que tenían los discípulos a los fines de convertirse en testigos que no habrían de dejar Jerusalén hasta que lo obtuvieron. La palabra *poder, dunamis,* habla del reino de los milagros. Procede de *dunamai,* que significa "habilidad". Pensad en ello – ¡somos cubiertos por la *habilidad de Dios!*

Los restantes once discípulos fueron las personas que ya mas entrenadas en toda la historia, respecto a signos y maravillas. Nadie ha visto o hecho más, excepto Jesús. Y fueron esos once hombres que tuvieron que quedarse hasta que fueren cubiertos por *el poder de lo alto.* Cuando lo obtuvieron lo supieron. Este poder vino a través de un encuentro con Dios.

Algunos, debido a su miedo de equivocarse, han expuesto que no es apropiado buscar una experiencia con Dios. Después de todo, existen muchos grupos engañados proceden de aquellos que basan sus creencias en las experiencias que se hallan en conflicto con las Escrituras. Conforme a la guía de dichas actitudes, el miedo se convierte en nuestro maestro. Pero, ¿por qué esos mismos individuos no tienen miedo de pertenecer a bandos estables respecto a su doctrina que son impotentes? ¿Es este engaño de algún modo menos peligroso que aquel que corresponde al que abusa del poder? ¿Enterraréis vuestros dones y diréis al Maestro cuando Él venga que habéis tenido temor de equivocaros? El poder y el carácter se hallan tan estrechamente alineados en las Escrituras que no podéis ser débil respecto a uno de ellos sin desestimar al otro.

NUESTRA RELACIÓN CON EL ESPÍRITU SANTO

Aproximadamente hace veinticinco años, escuche que alguien mencionaba que si aprendiéramos lo que significaba "no afligir" y "no apagar el fuego" del Espíritu

Santo, sabríamos el secreto para estar llenos del Espíritu. Mientras que esa declaración puede ser en extremo simplista, este individuo tocó dos verdades muy importantes que tratan directamente con la trampa del "carácter vs. el poder"

El ordenamiento, "No aflijáis al Espíritu Santo"[14] explica como nuestros pecados afectan a Dios. Le provocan pena. Este ordenamiento se halla centrado en el carácter. El pecado se define de dos maneras: hacer cosas malas, y dejar de hacer cosas buenas: "Aquel que sabe como hacer el bien y no lo hace, se halla en pecado."[15] Apartarse del carácter de Cristo en cualesquiera de estas formas, llena de pena al Espíritu Santo.

Continuando con este tema, tenemos otro ordenamiento, "No apaguéis el fuego del Espíritu."[16] Este mandato esta focalizado en nuestra necesidad de seguir Su liderazgo. *Apagar* el fuego, significa "detener el flujo" de algo. Como el Espíritu Santo esta listo para traernos salvación, curación y liberación, debemos *fluir* con Él. El incumplimiento de ello entorpece Sus esfuerzos para atraernos al campo de lo sobrenatural.

Si Él debe ser libre para conmover nuestras vidas, estaremos constantemente involucrados en las imposibilidades. Lo sobrenatural es Su reino natural. Cuanto más importante se torna el Espíritu Santo para nosotros, mayores serán las posibilidades de que estos temas formen parte de lo mas profundo de nuestros corazones.

BUSCAD UN ENCUENTRO

En algún momento debemos creer en un Dios que es lo suficientemente grande para mantenernos a salvo en nuestra búsqueda mas profunda de Él. Hablando de una manera práctica, muchos de los demonios de los cristianos son más grandes que su Dios. ¿Como un ser creado, caído pudo ser alguna vez comparado con el infinito Señor de la gloria? Es una cuestión de confianza. Si me concentro en mi necesidad de protegerme a mí mismo del engaño, siempre estaré conciente de una manera sobrecogedora del poder del demonio. Si mi corazón se enfoca completamente en Aquel que es "capaz de resguardarme de las caídas,"[17] Él es el Único que me debe impresionar. Mi vida refleja lo que veo en mi corazón.

Entonces, ¿cómo caminamos en el poder de Dios? En primer lugar, debemos buscarle. La vida del poder es una vida de tolerancia en Cristo, (estar enchufados a nuestra fuente de poder.) El hambre por la demostración de poder no deber estar separada de nuestra pasión por Él. Pero, tomad conciencia de lo siguiente, nuestro hambre por Él, en parte, deber verse en nuestra lujuriosa búsqueda de los dones espirituales.[18] ¡Ese es Su mandamiento!

Durante esta misión, debo apasionadamente desear encuentros con Dios que cambien mi vida, una y otra vez. Debo rogar por ellos día y noche... y ser especifico. Debo estar dispuesto a viajar para obtener lo que necesito. Si Dios se esta moviendo hacia algún lugar distinto del lugar donde vivo, ¡debo *ir*! Si Él esta utilizando a alguien mas de lo que me utilizando a mí, debo humildemente dirigirme hacia ellos y pedirles que oren por mí con la imposición de las manos.

Algunas personas pueden preguntar. ¿Por qué Dios no me toca en el lugar en que me encuentro?" Él puede hacerlo. Pero, Él usualmente se mueve de maneras que enfaticen nuestra necesidad por otros, en vez de agregarlos a nuestra independencia. Los hombres sabios siempre han estado dispuestos a viajar.

MI HISTORIA—GLORIOSA, PERO NO PLACENTERA

En mi búsqueda personal por aumento de poder y ungimiento en mi ministerio, he viajado a muchas ciudades, incluyendo Toronto. Dios ha utilizado mis experiencias en tales sitios a los fines de determinar para mí los encuentros que cambian la vida, en mi hogar.

Una vez, en medio de la noche, Dios vino en respuesta a mi plegaria por mayor "cantidad" de Él, aun así, no de la manera que yo lo había esperado. En un instante, pase de estar completamente dormido a estar totalmente despierto. Un poder inexplicable comenzó a circular por todo mi cuerpo, de un modo similar al de una electrocución. Fue como hubiera sido conectado a un enchufe de la pared con mil voltios de electricidad fluyendo a través de mi cuerpo. Mis brazos y piernas disparaban explosiones silenciosas como si algo hubiera sido liberado a través de mis manos y mis pies. Cuanto más intentaba detenerlo, mas empeoraba.

Pronto descubrí que no se trataba de una lucha que iría a ganar. No escuche ninguna voz ni tuve visión alguna. Esa fue simplemente la experiencia más sobrecogedora de mi vida. Era poder en su estado natural... era Dios. Vino en respuesta a una oración que había estado orando durante meses – *¡Dios debo tener mas de Ti a cualquier costo!*

La noche anterior había sido gloriosa. Habíamos tenido reuniones con un buen amigo y profeta, Dick Joyce. Fue en 1995. Al final de la reunión, yo ore por una amigo que estaba teniendo dificultades mientras experimentaba la presencia de Dios. Le dije que sentía que Dios lo iba a sorprender con un encuentro que podría ocurrir en medio del día, o aun a las 3 de la mañana, con exactitud. Sabia que yo había sido determinado.

Durante meses le había estado pidiendo a Dios que me diera mas de Él, no estaba seguro respecto a la manera correcta de orar, ni comprendía la doctrina que se hallaba detrás de mi solicitud. Todo lo que sabía era que sentía hambre de Dios. Había sido mi ruego constante día y noche.

Este momento divino fue glorioso, pero no placentero. Al principio me sentí incomodo, aun cuando yo era el único que sabia que me encontraba en tal condición. Mientras yacía allí, tuve una imagen mental de mi parado frente a mi congregación, predicando la Palabra tal como amo hacerlo. Pero me vi a mí mismo con mis brazos y piernas muy débiles como si tuviera problemas físicos graves. La escena cambió – estaba caminando por la calle principal de mi pequeña ciudad, frente a mi restaurante favorito, y otra vez mis brazos y piernas se movían sin control alguno.

No conocía a nadie que creería que esto procedía de Dios. Recordé a Jacobo y su encuentro con el ángel del Señor. Jacobo rengueó por el resto de su vida. Y luego, estaba María, la madre de Jesús. Ella tuvo una experiencia con Dios que ni siquiera su prometido creyó, aunque una visita de un ángel le ayudo a cambiar su modo de pensar. Como resultado de ello, Ella tuvo al Niño Cristo en su vientre... y después tuvo un estigma como recordatorio de Sus días como *madre del niño ilegitimo*. Se estaba tornando claro, el favor de Dios, con frecuencia, es diferente desde la perspectiva de la tierra que de la del cielo. Mi pedido por mas de Dios había tenido su precio.

Las lagrimas comenzaron a mojar la funda de mi almohada mientras recordaba las oraciones de los meses anteriores y como se hallaban en contraste con las escenas que recién habían atravesado por mi mente. A la vanguardia, estaba la realización que Dios deseaba hacer un intercambio- el aumento de Su presencia por mi dignidad. Es difícil explicar como se conoce el propósito de dicho encuentro. Todo lo que puede decir es tan solo *conocer*. Tú conoces Su propósito con tanta claridad que cualquier otra realidad se desvanece entre las sombras, mientras Dios coloca Su dedo sobre la única cosa que a Él le interesa.

En medio de las lagrimas llego un punto sin retorno. Felizmente, grité llorando, *¡Más Dios Más! ¡Debo tener más de Ti a cualquier costo! Si yo pierdo respetabilidad y Os obtengo en el intercambio, haré felizmente el trueque. ¡Tan solo dame mas de Ti!*

El poder surgente no se detuvo. Las sensaciones continuaron durante toda la noche, mientras yo lloraba y oraba. *Más Señor, mas, por favor dame mas de Ti.* Todo se detuvo a las 6.38 de la mañana, hora en la que pude levantar de la cama completamente refrescado. Esta experiencia continuó durante las dos noches siguientes, comenzando momentos antes de irme a la cama.

BUSCAD EN CONTRA DE LOS PRINCIPIOS

La pasión bíblica es una mezcla misteriosa de humildad, hambre sobrenatural y fe. Yo busco porque he sido buscado. El letargo no debe hallarse en mi. Y, si la vida cristiana promedio que me rodea se queda corta respecto al estándar bíblico, debo buscar en contra de los principios. Si la gente no esta siendo curada, no proporcionare algo racional de modo tal que todos los que se hallen a mi alrededor permanezcan cómodos con lo nulo. A cambio, buscare la curación hasta que venga o hasta que el individuo se vaya con el Señor.[19] No disminuiré el estándar de la Biblia a mi nivel de experiencia.

Jesús curaba a todos los que venían a Él. Aceptar cualquier otro estándar es *disminuir a la Biblia a nuestro nivel de experiencia,* y negar la naturaleza de Aquel que no cambia.

En lo que respecta al ministerio de poder, cualquier cosa que yo reciba de Dios, debo entregarla a los demas. Solamente se puede guardar lo que se entrega. Si deseáis ver a las personas curadas, buscad a aquellos que están enfermos y ofrecedles orar por ellos. Mientras que yo no soy el curador, tengo control sobre mi disposición y voluntad de servir a aquellos que lo necesitan. Si efectuó ministerio a los pobres, le doy a Él una oportunidad para mostrar Su amor extravagante por la gente. El ministerio de los signos y maravillas no llegaría a ninguna parte si tuviéramos miedo de fallar. Tal como Randy Clark lo expuso, "Debo estar dispuesto a fallar para tener éxito."

BUSCAD EL FRUTO

Jesús decía que debemos recibir el Reino como un niño. La vida del poder se halla en el hogar en el corazón de un niño. Un niño tiene un apetito insaciable por aprender. Sed aniñados y leed las obras de aquellos que han tenido éxito en el ministerio de la curación. Apartaos de los libros y grabaciones de aquellos que dicen que no debería ser o que no puede ser. Si el autor no camina por el sendero del poder, no escuchéis, no importa cuan profesionales sean en otras áreas. Un experto en las finanzas de la Biblia no es necesariamente un profesional en signos y maravillas. Mantened respeto por el lugar de ese individuo en Dios y por su área de especialidad, pero jamás malgastéis vuestro precioso tiempo leyendo materiales de aquellos que no hacen lo que enseñan. Conocemos muy bien las teorías de los cristianos de aula. Debemos aprender de aquellos que *¡tan solo lo hacen!*

Alguien, una vez, trajo un libro a mi oficina que criticaba la resucitación que había comenzado en Toronto en enero de 1994. Me negué a leerlo y lo arroje a la basura. Vosotros podéis decir, "No poseéis una mentalidad abierta." Estáis en lo correcto. Yo soy responsable por proteger lo que Dios me ha dado. Nadie mas tiene ese designio. Ardiendo dentro de mi alma, se halla una parte de la llama original desde el día de Pentecostés. Ha sido entregada de generación en generación. Ese fuego arde en lo profundo del interior, y debido a él, nunca seré el mismo. Mi pasión por Jesús crece en forma continua. Y los signos y maravillas que Él promete están sucediendo como parte de la vida ordinaria.

El que yo considere las criticas de esta resucitación seria lo mismo que escuchar a alguien que intenta probar que me tendría que haber casado con otra mujer. En primer lugar, amo a mi esposa y no tengo ningún interés en nadie más. En segundo lugar, me niego a entretener los pensamientos de cualquier persona que desee desestimar mi amor por ella. Solo me permito escuchar a aquellos que se unirán a mi compromiso con ella. Cualquier cosa que se halle por debajo de ello seria sonso de mi parte.

Las criticas de esta resucitación, sin saberlo, están intentando separarme de mi primer amor. No les daré lugar. Tengo muchos amigos que son capaces de leer los libros de los críticos sin ninguna mala intención. Los respeto por su habilidad de poder colocar sus manos en el lodazal sin ensuciar sus corazones. A mí, no me interesa hacerlo. No es mi don. Aprended a como funcionar de la mejor manera. !Luego funcionad!

Mientras que no tengo tiempo para las criticas, si lo tengo para darle la bienvenida a "las heridas de un amigo."[20] Las correcciones ofrecidas a través de relaciones que tienen significado, nos resguardan del engaño.

QUÉ PASA SI NADA SUCEDE

Si enseñamos, predicamos o somos testigos y nada sucede, debemos regresar a nuestra tabla de dibujo – nuestras rodillas. No hagáis excusas para la impotencia. Durante décadas, la Iglesia ha sido culpable por crear una doctrina para justificar la falta de poder, en vez de rogar a Dios hasta que Él los cambiara. La mentira en la que creen ha dado lugar a una rama entera de la teología que ha infectado el Cuerpo de Cristo con el temor al Espíritu Santo. Engaña bajo la apariencia de permanecer libre de engaño. La Palabra debe ser dirigida con poder. El poder es el reino del Espíritu. Una Palabra sin poder es *la letra* no *el Espíritu*. Y todos sabemos, "La letra mata, pero el Espíritu da vida."[21] Las vidas deben cambiar en nuestro ministerio de la Palabra. Recordad que la conversión es el milagro más grande y más precioso de todos.

"Cristo no me ha enviado a bautizar, sino a predicar el evangelio – con las palabras de la sabiduría humana, permitamos pues que la cruz de Cristo sea vaciada de su poder." [22] Si el evangelio no tiene poder, es porque la sabiduría humana ha influido sobre él.

LA ORACIÓN, LA PUERTA DE ENTRADA AL PODER

Cada vez que he tenido tiempo para buscar a Dios acerca de la necesidad de poder para respaldar Su mensaje, Él siempre viene con un incremento. Los milagros aumentan. Aprendí algo muy útil de entre las líneas escritas por Randy Clark. Cuando él observa que hay ciertas clases de curaciones que no están teniendo lugar en sus reuniones, le grita a Dios mencionando enfermedades especificas en sus oraciones. Estaba obteniendo muy pocos milagros relacionados con el cerebro – tales como la dislexia. Con posterioridad a clamar por estas clases de manifestaciones milagrosas, comenzó a experimentar un avance. He seguido su consejo y jamás he visto fallar a Dios. Los pedidos específicos son buenos porque son mesurables. Algunas de nuestras oraciones son demasiado generales. Dios podría responder a ellas y nunca lo sabríamos.

Después de aprender este principio del ejemplo de Randy, comencé a orar por los desordenes del cerebro. A una mujer llamada Cindy le sucedió un milagro relacionado con ello. Le habían dicho que una tercera parte de su cerebro estaba anulada. Como resultado de ello, ella tenia 23 desórdenes relativos al aprendizaje. No podía hacer nada respecto a la memorización, los números o los mapas. En uno de nuestros servicios nocturnos de los días viernes, ella se paró en la fila para orar por la bendición de Dios. Cuando se oró sobre ella, cayó bajo el peso de Su gloria. Durante el tiempo que permaneció en el suelo sobrecogida por el poder de Dios, tuvo una visión en la que Jesús le preguntaba si ella quería que Él la curara. Por supuesto que dijo que sí. A Sus ordenes, salto del piso y corrió a tomar su Biblia. Por primera vez en su vida todo estaba donde se suponía que debía estar en las paginas. Cuando dio testimonio del milagro un par de semanas después, cito muchos versículos que había colocado en su memoria en tan corto tiempo

PAGADME AHORA, O PAGADME LUEGO

Escuchamos mucho acerca de los costos del ungimiento. Sin duda alguna, caminar con Dios en el sendero del poder costara a todos aquellos que se entreguen a sí mismos a este mandato. Pero la ausencia de poder es aun más costosa. En el próximo capitulo, descubriremos como la eternidad se ve afectada por nuestra falta de poder.

NOTAS DE CIERRE

1. Peligroso para los poderes del infierno y las obras de la oscuridad.
2. Evangelio según San Mateo 28:19.

3. Evangelio según San Mateo 10:1,5-8, 17 y Evangelio según San Lucas 9:1-6.

4. Evangelio según San Mateo 10:8.

5. "Fresh Fire" (Fuego Fresco), por Mario Murillo – Pagina 85. Anthony Douglas Publishing.

6. Ver Salmos 1 10:6.

7. Ver Salmos 1 10:9-10.

8. La disciplina puede traerle a un individuo la victoria personal, pero el castigo embrida con vergüenza.

9. Esta ilustración no debe ser dejada de lado de la importancia de la disciplina. La disciplina bíblica no es un castigo. Es escoger, en el amor, las restricciones que son las mejores para esa persona y toda la familia de la iglesia. La duración de su disciplina se estaba aproximando a un punto en el cual se hubiera convertido en un castigo y le hubiera impedido alcanzar exactamente lo que necesitaba.

10. El abandono total no es lo mismo que el descuido espiritual. La mayoría de las fallas en el pasado han sucedido debido a que los lideres se apartaron de las personas que Dios había puesto en sus vidas. Yo busco cosas peligrosas, pero me mantengo responsable de ello, y trabajo para mantener mis relaciones en todos los niveles. Yo creo que este es el reino de la seguridad que muchas personas han abandonado en su búsqueda de "su tesoro en el campo."

11. Ver Evangelio según San Lucas 18:8.

12. Romanos 6:11.

13. Ver Libro de los Hechos 4:28-29.

14. Efesios 4:30.

15. Jaime (o Santiago) 4:17.

16. Primera Carta a los Cristianos de Tesalónica 5:19.

17. Ver Judas 24-25.

18. Primera Carta a los Corintios 14:1.

19. En este punto, ¡la oración por la resurrección es apropiada!

20. Ver Proverbios 27:6.

21. Segunda Carta a los Corintios 3:6.

22. Primera Carta a los Corintios 1:17 NIV. (Nueva Versión)

11

El Alto Costo Del Poder Escaso

Triunfo para el Cordero que fue matado para recompensade Su sufrimiento.
—Pueblo de Moravia

La resucitación es la atmósfera en la cual el poder de Cristo sea más probablemente manifestado. Toca cada parte de la vida humana, penetrando en la sociedad con chispas de revolución. Esa gloria es costosa, y no se debe tomar a la ligera. Aun así, la Iglesia resulta ser mucho más costosa respecto al sufrimiento humano y a la pérdida de almas. Durante la resucitación, el infierno es saqueado y el cielo está poblado. Sin la resucitación, el infierno está poblado... punto.

Permitidme ilustrar la necesidad de signos y maravillas en nuestra búsqueda orientada a ver nuestras ciudades transformadas y la gloria de Dios llenando la tierra. Sin lo que se menciona a continuación, el mundo sufre, Dios siente mucha pena, y nosotros somos los que estamos mas sujetos a que se nos tenga pena:

1. LOS SIGNOS Y LAS MARAVILLAS REVELAN LA NATURALEZA DE DIOS...

Uno de los propósitos principales del reino de los milagros yace en revelar la naturaleza de Dios. La falta de milagros funciona como un ladrón que roba la preciosa revelación que se halla al alcance de todo hombre, mujer y niño. Nuestra deuda con la humanidad radica en proporcionarle respuestas para lo imposible y un encuentro personal con Dios. Y ese encuentro debe incluir gran poder.[1]

Debemos ser testigos de Dios. Dar *testimonio* significa "representar." En realidad, significa *re-presentar* a Dios. Por lo tanto, re-presentar a Dios sin poder es un obstáculo de gran envergadura. Es imposible dar un adecuado testimonio de Dios sin demostrar Su poder sobrenatural. Lo sobrenatural es Su reino natural. Jesús fue una exacta representación de la naturaleza de Su Padre.[2] Su re-presentación del Padre debe ser un modelo para que nosotros aprendamos a como re-presentarlo.

El reino del milagro de Dios siempre tiene un propósito. Él no viene a las personas con poder para jactarse o entretener. Las demostraciones de poder son actos de redención por naturaleza. Aun las actividades cataclísmicas del Antiguo Testamento fueron programadas para llevar a la gente al arrepentimiento.

La curación nunca tiene una sola dimensión. Mientras que un milagro puede cambiar la salud física de una persona, también puede arrojar chispas de revoluciona en lo profundo del corazón humano. Ambas revelan la naturaleza de Dios, la cual nunca debe comprometerse a través de la cristiandad impotente.

2. LOS SIGNOS Y LAS MARAVILLAS EXPONEN AL PECADO Y ATRAEN A LA GENTE A TOMAR UNA DECISIÓN...

"Cuando Simón Pedro lo vio (la pesca milagrosa), se arrodillo ante Jesús diciendo, "Apartaos de mí, porque soy un hombre pecador, ¡OH Señor!"[3]

Pedro había estado pescando toda la noche sin obtener resultado alguno. Jesús le dijo que arrojara las redes al otro lado del bote, lo cual, sin duda, él había hecho muchas veces. Cuando lo hizo a solicitud del Maestro, la pesca fue tan grande que casi hunde al bote. Pedro pidió ayuda a la tripulación de los otros botes. Su respuesta a este milagro fue, "Soy un hombre pecador."

¿Quién le dijo que era un pecador? No hay registro de sermones, reproches ni de cualquier otra cosa acontecida en el bote ese día – tan solo la buena pesca. Entonces, ¿cómo es que estaba tan convencido de ser un pecador? Esta convicción se hallaba en el milagro. El poder expone. Traza una línea en la arena y fuerza a las personas a tomar una decisión.

Las demostraciones de poder no representan la garantía del arrepentimiento de la gente. Solo necesitamos observar a Moisés para darnos cuenta que, con frecuencia, lo milagroso provoca que nuestros faraones se vuelvan aun más determinados en destruirnos cuando ven el poder. Sin los actos de poder, los Fariseos se podrían haberse olvidado acerca de la Iglesia que nació a partir de la sangre de Jesús derramada sobre la cruz. El poder fue el que despertó el entusiasmo de la oposición en ellos. Debemos tener esto claro: el poder provoca que la gente se decida a favor de él o en contra. El poder remueve la mediocridad.

Los ministerios de misericordia son absolutamente esenciales en el ministerio del evangelio. Representan una de las formas en que el amor de Dios se puede y se debe ver. Aun así, no están completos sin las demostraciones de poder. ¿Por que? La realidad es la siguiente: el mundo siempre aplaudirá dichos esfuerzos porque sabe que deberíamos estarlos haciendo. Debemos darnos cuenta de una triste verdad – es común que la gente reconozca la amabilidad de la Iglesia y aun así, no son atraídos al arrepentimiento. Pero el poder fuerza este tema debido a su habilidad inherente de convertir a la humanidad en humilde.

Jesús dijo "Si Yo no hubiera hecho entre ellos las obras que hice, las cuales jamás han sido realizadas por nadie mas, ellos no tendrían pecado." [4]

¿Está diciendo que el pecado no existía en los corazones de los judíos hasta que Él realizó milagros? Lo dudo mucho. Él esta explicando el principio revelado en el arrepentimiento de Pedro. El poder expone al pecado y atrae a la gente a tomar una decisión. Cuando hay carencia de poder, no estamos usando las armas que estaban en el arsenal de Jesús cuando Él hacia ministerio a los que estaban perdidos. ¿El resultado? La mayoría permanecen perdidos. El poder fuerza a la gente a tomar conciencia de Dios a un nivel personal, y es demandante por naturaleza.

3. LOS SIGNOS Y LAS MARAVILLAS OS DAN CORAJE...

Los hijos de Efraín, estando armados y portando arco y flecha, retrocedieron el día de la batalla. No respetaron el convenio con Dios; Se rehusaron a caminar por el sendero de Su Ley, y se olvidaron de Sus obras y de Sus maravillas que Él les había mostrado. 5

A una parte muy profunda de la cultura judía se le dio forma por medio del ordenamiento que decía *guardad los testimonios del Señor*. La familia en sí misma era atraída por la revelación permanente de Dios contenida en Sus mandamientos y testimonios. Ellos debían hablar acerca de la Ley de Dios y de lo que Dios había hecho cuando se iban a dormir por la noche, cuando se levantaban por la mañana, cuando caminaban, etc. Cualquier momento del día era apropiado para hablar acerca de las obras asombrosas de Dios.

Para asegurase de no olvidarse de ello, debían construir monumentos que les ayudarían a recordar la invasión de Dios en sus vidas. Por ejemplo: apilaban piedras para marcar el lugar por donde Israel había cruzado el rió Jordán.[6] Era tanto así, que cuando los jóvenes preguntaban, *Papá... ¿por qué hay una pila de piedras allí?* Ellos podrían responder con la historia relativa a la forma en que Dios trabajaba entre ellos.

El testimonio de Dios crea un apetito por una mayor cantidad de actividades de Dios. La expectativa crece cuando la gente es consciente de Su naturaleza y convenio sobrenatural. Cuando la expectativa crece, los milagros aumentan. Cuando los milagros aumentan, los testimonios también aumentan. Podéis ver el ciclo. El simple acto de compartir un testimonio acerca de Dios puede sacudir a otras personas hasta que ellos tengan la expectativa y vean la obra de Dios en su momento.

Lo opuesto también es cierto. Cuando diminuyen, se esperan menos milagros. Si hay menos expectativas respecto a los milagros, aun suceden con menor frecuencia. Como podéis ver, existe también un espiral hacia abajo.Olvidarse de lo que Dios ha hecho, removiendo el testimonio de nuestros labios finalmente nos provoca temor al día de la batalla. La historia de los hijos de Efraín es trágica debido a que ellos estaban totalmente equipados para ganar. Tan solo les faltó el coraje. Su coraje debía proceder de su memoria respecto a los Dios había sido para ellos.

4.LO SOBRENATURAL ES LA CLAVE PARA LAS CIUDADES PECAMINOSAS DEL MUNDO...

Entonces se puso a maldecir a las ciudades en las que se habían realizado la mayoría de sus milagros, porque no se habían convertido:

"¡Ay de ti, Corazín! ¡Ay de ti, Betsaida! Porque si en Tiro y en Sidón se hubieran hecho los milagros que se han hecho en vosotras, tiempo ha que en sayal y ceniza se habrían convertido.

Por eso os digo que el día del Juicio habrá menos rigor para Tiro y Sidón que para vosotras. Y tú, Cafarnaúm, ¿hasta el cielo te vas a encumbrar? ¡Hasta el Hades te hundirás! Porque si en Sodoma se hubieran hecho los milagros que se han hecho en ti, aún subsistiría el día de hoy.

Por eso os digo que el día del Juicio habrá menos rigor para la tierra de Sodoma que para ti."[7]

Este párrafo de las Escrituras hace una distinción entre las ciudades religiosas y aquellas conocidas por sus pecados. La ciudad religiosa tenia una conciencia adormecida respecto a su necesidad de Dios, mientras que la ciudad pecaminosa era conciente que algo estaba faltando.[8] La religión es un mas cruel que el pecado.

Las ciudades a las cuales Jesús se dirige aquí, vieron mas signos y maravillas que todas las demás ciudades combinadas. Los milagros que Jesús realizó fueron tan grandiosos en cantidad que el apóstol San Juan dijo que, recordándolos, podría haber completado todos los libros del mundo. [9] Esto nos da la perspectiva del reproche de Jesús sobre las ciudades duras de corazón.

Jesús hallo limites respecto a lo que Él podía hacer en Nazaret debido a descreimiento del pueblo.[10] Aun así, en Corazín y Betsaida, Sus milagros parecen ser infinitos, lo cual sugiere que estas ciudades tenían fe en cierta medida. Su severo reproche no aparece debido a que ellos no apreciaron la obra de Sus milagros. Deben haberla apreciado. Su problema radicó en que adicionaron tal movimiento a lo que ya estaban haciendo en vez de hacer de Él el centro principal de sus vidas. Eso es lo que hace la religión. Tal como Jesús lo dijo, no se arrepienten ni cambian su modo de pensar, (alteran su perspectiva de la vida misma.)

Muchas personas disfrutan el movimiento de Dios, pero no se arrepienten de un modo genuino, (cambian la perspectiva de sus vidas, convirtiendo Sus actividades en el núcleo y ambición de sus vidas.) La revelación que vino a ellos a través de lo milagroso aumento aun más su responsabilidad, de este modo, demandando un cambio que nunca se produjo.

El ungimiento en Cafarnaúm fue tan grandioso que algunas traducciones dicen que ellos fueron *exaltados al cielo*. ¿Podría Él estar diciendo que el reino de lo milagroso alrededor de ellos fue tan grandioso que hizo que su ciudad fuera la mas parecida al cielo de entre todas las ciudades de la tierra? De ser así, Cafarnaúm se transformo, por una breve estación, el ejemplo de – que sea en la tierra como en el cielo. Ellos dieron lugar a Su gran obra, pero nunca "ajustaron" sus vidas para hacer de ello su foco principal.

Pero existe otro mensaje contenido en esta historia. Tiro, Sidón y Sodoma se hubieran arrepentido ¡si hubieran estado expuestos a la misma dimensión del darse totalmente! ¿Lo habéis escuchado? ¡Se hubieran arrepentido! Resulta ser una promesa profética para hoy en día. Los milagros en las calles de las "ciudades pecaminosas" del mundo ¡provocaran que la gente se arrepienta! ¡Es este secreto lo que nos da acceso al corazón de esas grandes ciudades! Las ciudades como San Francisco y Ámsterdam, Nueva Orleáns, y Rió de Janeiro de este mundo se arrepentirán... si hay una armada de santos, llenos del Espíritu Santo, caminando por sus calles, cuidando de aquello que esta roto, trayendo el poder de Dios a sus circunstancias imposibles. ¡Se arrepentirán! Eso es una promesa. Simplemente esperan que vayan aquellos con el mensaje del Reino.

La impotencia cancela la posibilidad, y en su lugar, viene el juicio de Dios.

5.LOS MILAGROS REVELAN SU GLORIA...

"El comienzo de los signos de Jesús sucedió en Canaá de Galilea,
y manifestó Su gloria; y Sus discípulos creyeron en Él."[11]

Jesús concurrió a una boda donde se quedaron sin vino. Como todavía Él no había realizado ninguna de las maravillas por las cuales se Le conoció con posterioridad. María sabia quién era Su Hijo y qué era posible. Entonces, en este momento de necesidad, Su Madre, María se volvió hacia Él y Le dijo, "No tienen mas vino." Jesús Le respondió diciendo, ¿"Mujer, que tiene que ver tu preocupación Conmigo? Mi hora aun no ha llegado." Pero luego, María hizo algo sorprendente – se dirigió a los sirvientes y les dijo, ¡"Lo que sea que Él os diga, hacedlo![12] ¡Su fe tan solo hizo lugar para la extravagancia de Dios! Jesús siguió sus palabras con el milagro de convertir el agua en vino.

Ahora bien, ¿qué había sucedido en realidad? Es importante recordar que Jesús solamente hacia lo que Él veía hacer a Su Padre, y solo decía lo que Su Padre decía. Cuando María primero le menciono la necesidad de vino a Jesús, es seguro afirmar que Él sabia que el Padre no estaba involucrado en hacer ninguna clase de milagros en esa boda. Además, Él sabia que esa no era Su *hora*... el momento de ser revelado como un *trabajador de milagros*. Eso fue lo que genero como respuesta, ¿"Mujer, que tiene que ver tu preocupación Conmigo? Mi hora aun no ha llegado." Sin embargo, María respondió con *fe* y alerto a los sirvientes para que estuvieran listos para hacer "... lo que fuera que Él les dijera que hicieran."

Nuevamente, Jesús observo lo que el Padre estaba haciendo y entonces notó que Él estaba convirtiendo el agua en vino. Entonces, Jesús siguió Su liderazgo e hizo el milagro. La fe de María había conmovido tanto al corazón del Padre que Él, aparentemente, cambió el momento elegido para develar a Jesús como el trabajador de milagros. La fe conmueve al cielo para que el cielo conmueva a la tierra.

Conforme al Evangelio según San Juan 2:11, esta demostración del poder de Dios libero la gloria de Dios en ese sitio. Los signos y maravillas hacen eso. Liberan la gloria de Dios en nuestras ciudades. La necesidad – sea una enfermedad física, la pobreza, la opresión, etc. – representa el impacto de la oscuridad. El milagro desplaza a la oscuridad y la reemplaza con su luz – la gloria. Cuando no hay milagros, tampoco está presente la gloria de Dios, la cual es la presencia manifestada de Jesús.

Cuando la gloria se libera, desplaza al poder de la oscuridad y lo reemplaza con la presencia realmente gobernante de Dios. La casa está *limpia y barrida* y se llena con los suministros del cielo.[13] A medida que los poderes de la oscuridad son removidos, deben ser reemplazados por cosas justas, o el enemigo tendrá el acceso legal de regresar, haciendo que el ultimo estado del hombre sea peor que el primero. Los milagros hacen ambas cosas – remueven la influencia gobernante del infierno mientras establecen la presencia gobernante de Dios.

¿De qué manera la gloria de Dios cubre la tierra? Yo creo, al menos en parte, que lo hará a través de gente que camine por el sendero del poder, llevando el testimonio de Jesús a las naciones del mundo. Habrá una generación que comprenderá esto e invadirá al sistema mundial con el testimonio viviente relativo a ¡quien es Jesús!

6. LOS SIGNOS ATRAEN A LA GENTE PARA QUE GLORIFIQUE A DIOS...

"Ahora, cuando las multitudes lo vieron, se maravillaron y glorificaron a Dios, Quién había dado tal poder a los hombres." [14]

Hablo del poder de Dios que obra milagros en casi todas las reuniones que conduzco, sea un servicio de una iglesia tradicional, una conferencia, o aun una reunión de directorio o de personal. Cuando hablo lejos de mi hogar, con frecuencia, hago esto para sacudir la fe y ayudar a la audiencia a que dirija sus corazones hacia Dios. Una vez terminado, les pregunto lo siguiente: *¿Cuantos de vosotros habéis alabado y dado gloria a Dios mientras yo compartía estos testimonios?* Casi todas las manos se levantan. Luego, les hago recordar esta cosa importante — *Si no hubiera poder y el correspondiente testimonio, Dios nunca hubiera recibido esa gloria. ¡Sin el poder, robamos a Dios la gloria que Le pertenece!*

7. LOS SIGNOS POR SÍ MISMOS DAN GLORIA A DIOS

"Bendecid al Señor, a todas Sus obras, en todos los lugares de Su dominio, Bendecid al Señor, ¡OH alma mía!" [15]

"Todas Tus obras son para Tu alabanza, OH Señor Y Tus santos Os bendecirán," [16]

No solamente hacer milagros sacude los corazones de los hombres para dar gloria a Dios, los milagros Le dan gloria por sí mismos. No estoy seguro respecto a como funciona, pero, de algún modo, un acto de Dios tiene vida propia y contiene la habilidad para dar, realmente, gloria a Dios sin la asistencia de la humanidad. La ausencia de milagros saquea la gloria de Dios que Él debe recibir de la vida liberada en Sus propias obras.

8. LOS MILAGROS SON UNA FUERZA UNIFICADORA PARA LAS GENERACIONES...

"Una generación alabará Tus obras junto a otra,
y Declararán Tus poderosos actos." 17

No los ocultaremos de nuestros hijos, Contando a la generación que viene las alabanzas al Señor, Y Su fortaleza y las obras maravillosas que Él ha hecho, ya que Él estableció un testimonio en Jacobo, Y designó una ley en Israel, La cual Él encomendó a nuestros padres, Que las hicieran conocer a sus hijos; Que la próxima generación debía saberlo, Los niños que nacerían, Que se levantaran y declararan estas cosas a sus hijos, Para que establezcan su esperanza en Dios... [18]

Israel debía construir monumentos en memoria de las actividades de Dios. ¿El motivo? Para que en sus vidas diarias hubiera un recordatorio para las próximas generaciones acerca de quien es Dios, y como es Su convenio y Su gente.

El testimonio debía ser tanto un registro de la actividad de Dios con Su gente como así también una invitación para que otras personas conocieren a Dios de ese modo. Una generación hablaría del testimonio de Dios a la otra generación. Mientras que eso es lo que con mas frecuencia se entiende en este versículo, es igualmente cierto que una generación mas joven experimentaría a Dios, y que la generación anterior se beneficiaría. ¡Los encuentros con el Dios Todopoderoso se tornan en un factor unificador para las generaciones!

9. LOS SIGNOS Y LAS MARAVILLAS AFIRMAN QUIÉN ES JESÚS...

"Si Yo no hago las obras de Mi Padre, no me creáis; pero si las hago, Aun cuando no creáis en Mi, creed en las obras que podáis conocer y creed que el Padre se halla en Mi y Yo en Él." [19]

Si los judíos luchaban con la creencia de que Jesús era su Mesías, Él simplemente les dijo que miraran los milagros y creyeran en ellos. ¿Por que? Un signo siempre conduce a alguna parte. Él no tenía miedo respecto a donde Sus signos los conducirían. De algún modo, ese simple paso relativo a creer en lo que veían, eventualmente, los posibilitaría para creer en Jesús en Sí Mismo[20] – como en el caso de Nicodemo. Cada milagro da testimonio de la identidad de Jesús. Sin los milagros, nunca puede haber una revelación completa de Jesús.

10. LOS MILAGROS HACEN QUE LA GENTE ESCUCHE A DIOS...

"Y las multitudes espontáneamente prestaron atención a lo que decía Felipe, Escuchando y viendo los milagros que hacia." [21]

Felipe era el mensajero de Dios para la ciudad de Samaria. El pueblo era capaz de escuchar sus palabras como palabras de Dios debido a los milagros. Los hechos de poder ayudan a las personas a "entonar" sus corazones con las cosas de Dios. Les ayuda a soltarse de lo racional, que es la realidad final de este mundo material. En esencia, eso es lo que significa la palabra *arrepentimiento*. Los milagros proporcionan la gracia para el arrepentimiento.

La desesperación que provocan los milagros es, en parte, responsable de este fenómeno. A medida que nuestros intereses se comienzan a apartar de lo natural, es cuando nosotros dirigimos nuestra atención a Él. Este cambio de corazón abre tanto los ojos como los oídos de los corazones. Como resultado de ello, vemos lo que ha estado justo frente a nosotros todo este tiempo, y oímos lo que Dios esta diciendo a lo largo de nuestras vidas.

Los milagros causan un giro de prioridades. Son una ayuda importante para que escuchemos con mayor claridad. Sin ellos, quedamos más propensos a ser dirigidos por nuestras propias mentes y a ello, lo denominamos espiritualidad.

11. LOS MILAGROS AYUDAN A LA GENTE A OBEDECER A DIOS...

"Ya que no tender el coraje de hablar de ninguna de las cosas que Cristo no ha cumplido a través de mí, en palabra y en hecho, para hacer que los Gentiles obedezcan — en signos y maravillas poderosos por el poder del Espíritu de Dios, de modo tal que desde Jerusalén y sus alrededores hasta casi Illiricum he plenamente predicado el evangelio de Cristo." [22]

Aquí, el apóstol San Pablo demuestran como los Gentiles fueron atraídos a la obediencia a través del poder del Espíritu de Dios, expresado en signos y maravillas. Esto era lo que él consideraba como la prédica *plena* del evangelio. No era un mensaje completo sin una demostración del poder de Dios. ¡Es el modo en que Dios dice Amen a Su propia palabra declarada!

La Biblia esta llena de historia de héroes que se han ganado el coraje de obedecer a Dios en las circunstancias más difíciles, a través de un encuentro personal con lo milagroso. Nada estremece al corazón mas que el conocer a Dios. Él tiene poder ilimitado. Él está a favor de nosotros y no en contra de nosotros, y es lo suficientemente grande para compensar nuestra pequeñez. Contrariamente, el ser criado en un hogar donde hay muy poca o ninguna evidencia de las cosas en las que creemos, desilusiona a una generación creada para grandes explosiones.

12. LOS MILAGROS VALIDAN LA IDENTIDAD DEL HIJO DE DIOS Y DE SU IGLESIA...

"Este hombre se dirigió a Jesús por la noche y Le dijo, "Rabí, sabemos que Tú eres un maestro que viene de Dios; ya que nadie puede manifestar los signos que Tú realizas salvo que Dios esté con Él." [23]

La promesa, "Estaré con vosotros," fue hecha muchas veces a través de las Escrituras. Era una promesa que siempre se hacía a aquellos que se hallaban en circunstancias imposibles – circunstancias que necesitaban de un milagro.[24] Mientras que Su presencia es reconfortante, mientras que Su dulce compañía es lo que atrae a una relación íntima con Él, Su presencia también es una provisión del cielo asignada para llevarme a un lugar de gran coraje para los signos y maravillas.

Los judíos entendían que si Dios está con vosotros, tiene que haber milagros – "... ya que nadie puede manifestar estos signos excepto Tú porque Dios está contigo." En la Gran Comisión del Evangelio según San Mateo 28:18-20, encontramos esta frase – "Yo siempre estoy con vosotros, aun hasta el fin de los tiempos.". Su presencia es la certeza de Su intento de utilizarnos en lo milagroso. Su movimiento hacia la vida de todos los creyentes es un acto profético que declara Su propósito sobrenatural para Su pueblo.

¿CÓMO SE OBTIENE EL PODER?

Jesús ordenó a los individuos mas entrenados en lo sobrenatural que siempre caminaran en la tierra "esperando en Jerusalén lo que el Padre había prometido."[25] El Evangelio según San Lucas lo expone del siguiente modo, "La ciudad de Jerusalén se halla en "desuso" hasta que vosotros tengáis el poder de lo alto."[26] Aunque ellos habían estado con Él, aun cuando habían experimentado Su poder a través de su propio ministerio, debían esperar al *Dunamis* – la habilidad para realizar milagros.

Es como si ellos hubieran estado trabajando bajo el paraguas de Su ungimiento. Había llegado el momento de que obtuvieran un ungimiento propio a través de un encuentro con Dios. El bautismo con fuego les otorgaría su propio encuentro permanente, que les ayudaría a mantenerlos en el centro de la *voluntad* de Dios para *cuando* llegase la persecución.

El bautismo del Espíritu Santo es una inmersión en el dunamis del cielo. La habilidad para orar en distintas lenguas es un don maravilloso que les fue otorgado a través del bautismo. Yo oro en distintas lenguas constantemente, y estoy agradecido a Dios por haberme dado tal don. Pero, pensar que hablar distintas lenguas es *el* propósito de dicha invasión santa es, incómodamente, simplista. Sería lo mismo que decir que cuado Israel cruzó el Rió Jordán tenia el mismo significado que la posesión de la Tierra Prometida. Si, estaban en la Tierra Prometida, la podían ver, ¡pero no la poseían! El haber cruzado el rió les dio el acceso legal a la posesión. Este bautismo maravilloso del Espíritu es el que nos ha dado dicho acceso. Pero, pararse en las orillas del rió proclamando *es todo mío*, es sonso, por no decir algo peor. Esa es la ignorancia que ha provocado que grandes cantidades de personas detuvieran su búsqueda una vez que habían recibido sus lenguas espirituales. Se les había enseñado que ahora estaban llenos del Espíritu Santo. Un vaso solo está lleno cuando rebalsa. La plenitud solamente puede medirse conforme al rebalse.

La plenitud de Dios debe hacer algo mas por me que darme una lengua sobrenatural. Si ello fuere todo, yo no me quejaría. Es un don glorioso de Dios. Pero, Sus propósitos nos llevan a realizar aun más, hacia una sociedad divina en la cual nos convertimos en colaboradores con Cristo. El poder viene para que seamos testigos. Cuando el Espíritu de Dios vino sobre la gente en las Escrituras, toda la naturaleza se inclinó ante ellos. Se había desplegado el Poder, y las imposibilidades abrieron el camino para la expresión plena de la presencia de Dios.

LECTURA DE LOS SIGNOS

Muchas personas temen a los signos y a las maravillas debido a la posibilidad de engaño. Entonces, a los fines de evitar cualquier oportunidad de ser engañados, reemplazan el despliegue de poder con tradiciones religiosas, actividades cristianas, o aun el estudio de la Biblia. Con frecuencia, se satisfacen con el conocimiento. Pero, cuando esto sucede, ¿quien es engañado?

Los signos tienen un propósito. No son un fin en si mismos. Apuntan a una realidad mayor. Cuando salimos de un edificio, no salimos por el signo que indica salida. Cuando necesitamos apagar un incendio, no lo apagamos con el signo o señal que indica donde se halla el extinguidor de fuego. El signo es real. Pero apunta a una realidad que es mayor al signo en sí mismo.

Una señal en la carretera o en la autopista puede confirmarnos que nos hallamos en la dirección correcta. Sin las señales, no tenemos manera de saber que estamos donde pensamos que estamos. No necesito señales cuando conduzco por lugares familiares. Pero si los necesito cuando me dirijo hacia donde jamás he estado antes. Así sucede con el presente movimiento de Dios. Hemos llegado tan lejos como posible respecto a nuestra actual comprensión de las Escrituras. Ha llegado el momento de permitir que tengan lugar los signos. Los signos ilustran a las Escrituras, todo el tiempo apuntando a Jesús, el Hijo de Dios. Aun así, también confirman a la gente que ha adoptado un evangelio auténtico que se están dirigiendo en la dirección correcta.

Ninguno de nosotros comprendemos que es la salvación hasta que somos salvados. Fue el milagro – la experiencia – lo que nos dio la comprensión. Así sucede con los signos. Nos señalan a la persona. En este momento, la *experiencia* ayudara a abrir esas porciones de las Escrituras que han estado cerradas para nosotros.[27]

Ninguna persona que tenga una mente sana puede declarar que comprende todo lo que se halla contenido en la Biblia dirigido a nosotros en la actualidad. Aun, el sugerir que algo mas esta viniendo, provoca que muchas personas tengan temor. Sobreponeos, ¡así no lo perdéis!

CÓMO RELACIONAMOS AL MUNDO

El próximo capítulo nos muestra la forma en que realmente poseemos el mundo, y cómo dárselo a otras personas.

NOTAS DE CIERRE

1. Ese encuentro significa incluir otras cosas también. Por ejemplo: el amor de Dios debe ser evidente para nosotros, tal como lo debería ser el carácter, etc. Sin embargo, el propósito de este libro radica en 'rellenar' un hoyo literario para contribuir con nuestro muy necesario retorno al evangelio de poder, así como también a un evangelio de amor y carácter.

2. Hebreos 1:3 NAS. (Nueva Versión estadounidense)

3. Evangelio según San Lucas 5:8.

4. Evangelio según San Juan 15:24.

5. Salmos 78:9-11

6. Ver Josué. 3:1-17.

7. Evangelio según San Mateo 11:20-24.

8. Este principio es tratado con posterioridad en el Capitulo 15 *Como perder una resucitación*.

9. Ver Evangelio según San Juan 21:25.

10. Ver Evangelio según San Marcos 6:1-6.

11. Evangelio según San Juan 2:11.

12. Evangelio según San Juan 2:4-5.

13. Ver Evangelio según San Lucas 11:25.

14. Evangelio según San Mateo 9:8.

15. Salmos 103:22.

16. Salmos 145:10.

17. Salmos 145:4.

18. Salmos 78:4-8.

19. Evangelio según San Juan 10:37,38.

20. Evangelio según San Juan 10:36.

21. Libro de los Hechos 8:6.

22. Romanos 15:18-19.

23. Evangelio según San Juan 3:2.

24. Ver en Moisés, Libro de Éxodo 3:12, Josué— Josué 1:9, y Gedeón—Libro de los Jueces 6:12 para estudiar mas profundamente este tema.

25. Ver Libro de los Hechos 1:4.

26. Evangelio según San Lucas 24:49.

27. Las relaciones y la responsabilidad fuertes son lo que nos ayuda a permanecer a salvo y a evitar ser engañados.

12

Nuestra Deuda Con El Mundo: Un Encuentro con Dios

El ungimiento del Espíritu Santo es Su presencia real
sobre nosotros para ejercer el ministerio. El propósito de este
ungimiento radica en hacer que lo sobrenatural se torne natural.

La promesa del convenio, "Yo estaré siempre con vosotros," siempre ha estado vinculada con la necesidad de la humanidad del coraje para enfrentar lo imposible. No hay duda alguna que la presencia de Dios es lo que nos trae gran tranquilidad y paz. Pero la presencia de Dios siempre les fue prometida a Sus elegidos, otorgándoles confianza y seguridad cuando debían enfrentarse a circunstancias que era aun menos que favorables.

Él es el gran tesoro de la humanidad. Siempre lo será. Es la revelación que posibilitó las revolucionarias explosiones del apóstol San Pablo. Es lo que fortaleció a un rey llamado David a arriesgar su vida a los fines de transformar el sistema relativo al sacrificio y a la alabanza. Moisés necesitó esta confianza y certeza como el hombre que fue enviado a enfrentar al Faraón y a sus magos que se hallaban poseídos por el demonio. Todos ellos necesitaron una confianza increíble para cumplir con sus respectivas convocatorias.

Josué fue confrontado con la necesidad de seguir los enormes pasos de Moisés, que era el hombre con quien Dios había hablado cara a cara. Y ahora, Josué debía conducir a Israel a donde Moisés no podía ir por sí mismo. La palabra de Dios para él fue una palabra de gran aliento y exhortación. Termina con la promesa final, "Yo estaré con vosotros."[1]

A Gedeón también se le asignó una tarea imposible. Él representaba la pequeñez de su familia, que era la de menor importancia entre las tribus, y en Israel. Aun así, Dios lo había elegido para que condujera a Israel a la victoria contra los medianitas. Su encuentro es uno de los encuentros más interesantes registrados en las Escrituras.

Muchas personas temerosas han sentido alivio al leer sobre *la experiencia que volteó* a Gedeón. Dios inició su transformación con la promesa, "Yo estaré contigo."

La Gran Comisión proporciona mas lecturas interesantes para aquellos que recuerden la clase de hombres a la cual Dios ponía a Su cargo – ambiciosos, orgullosos, y egocéntricos. Aun así, Jesús los llamo con el propósito de cambiar al mundo. ¿Cuál fue la palabra de confianza y seguridad que Él les dio antes de partir? "Siempre estaré con vosotros..."[2]

Nosotros sabemos que dicha promesa es hecha a todos aquellos que claman la salvación en el nombre del Señor. Pero, ¿por qué algunas personas caminan con un mayor sentido de la presencia de Dios que otras? Algunas personas le otorgan gran valor a la presencia de Dios mientras que otras no lo hacen. Aquellos que disfrutan durante todo el día del compañerismo con el Espíritu Santo son extremadamente conscientes respecto a como se siente el Espíritu Santo acerca de sus obras, actitudes y actividades. El pensamiento de causarle pena involucra un profundo dolor. Es la pasión de estas personas, darle al Espíritu Santo preeminencia en todo lo que hacen. Esa pasión atrae a ese creyente hacia la vida sobrenatural – una vida con la actividad constante del Espíritu Santo que trabaja a través de ellos.

MANCHADO CON DIOS

La presencia de Dios debe realizarse en el ungimiento. Recordad que el ungimiento significa *manchado* – es Dios que nos cubre con Su presencia llena de poder. ¡Las cosas sobrenaturales suceden cuando caminamos por el sendero del ungimiento!

En su mayoría, el ungimiento ha sido acaparado por la Iglesia para la Iglesia. Muchos individuos han malinterpretado la razón por la cual Dios nos ha cubierto consigo Mismo, pensando que es solamente para nuestro gozo. Pero debemos recordar que, en el Reino de Dios solamente podemos retener aquello que hemos dado. Esta maravillosa presencia de Dios debe ser llevada al mundo. Si no lo es, nuestra efectividad disminuye. Él, ¿nos abandona? No. Pero es posible que esta frase contribuya a clarificar este punto: Él se halla en mí para mi salvación, pero ¡*Él se halla en mí por vosotros!*

No solamente todo ministerio debe estar fortalecido por el Espíritu, sino que debe *tener un elemento* de unión en él. Jesús dijo, "Aquel que no se reúne Conmigo, se dispersa."[3] Si nuestros ministerios no se reúnen, se dividirán. Si no tomamos lo que Dios no ha dado y lo damos al mundo, aquello que hemos recibido atraerá a la división. Es nuestra perspectiva sobre el mundo lo que nos mantiene como centro de Sus propósitos.

El ungimiento nos equipa para atraer al mundo hacia un encuentro con Dios. Ese encuentro es lo que le debemos. Por ese motivo, cada evangelista solidario debería clamar por un ungimiento mayor; cada creyente debería clamar por lo mismo. Cuando estamos manchados con Dios, la mancha borra todo aquello con lo cual hemos estado en contacto – y es ese ungimiento el que rompe los yugos de la oscuridad.[4]

El entendimiento más común de nuestra necesidad del ungimiento se halla en la prédica de la Palabra o en la plegaria por los enfermos. Estas son tan solo dos de las formas más comunes de atraer a la gente a este encuentro. Mientras que estas formas son verdaderas, es la persona con continuo ungimiento la que abre muchas oportunidades para el ministerio.

Yo solía frecuentar un comercio local de alimentos saludables. Era la clase de comercio que tiene música rara y muchos libros escritos por distintos gurís y guías espirituales de culto. Solía ir allí debido a un compromiso que había hecho relativo a llevar la luz de Dios a los sitios más oscuros de la ciudad. Yo deseaba que ellos vieran un contraste entre lo que ellos pensaban que era luz y lo que, en realidad era la luz. Con anterioridad a entrar, oraba específicamente para que el ungimiento de Dios reposara sobre mí y fluyera a través de mí. Caminaba por las góndolas orando en silencio en el Espíritu, deseando que Dios llenara el comercio. Un día, el propietario se dirigió hacia mí y me dijo,"Hay algo diferente cuando Ud. entra al comercio." Ese día, se abrió una puerta que me daría muchas oportunidades de ejercer futuro ministerio. El ungimiento sobre mí, me equipo para el servicio.

NO DESESTIMÉIS ESTA HERRAMIENTA

Jesús estaba caminando por un camino repleto de gente que venia de todos lados para acercarse a Él. Una mujer lo logró alcanzar y toco Sus vestiduras. Él se detuvo y preguntó, ¿"Quien Me ha tocado? " Los discípulos se sintieron asustados frente a tal pregunta, ya que, para ellos, la respuesta era obvia – ¡alguien! Pero Jesús continuó diciendo que Él había sentido que la virtud, (*Dunamis*), fluía desde Él. Él estaba ungido por el Espíritu Santo. La fuerza real del Espíritu de Dios había dejado Su ser y fluido hacia esa mujer y la había curado. El ungimiento era residente del cuerpo físico de Jesús tal como sucede con cada uno de los creyentes. La fe de la mujer había hecho una solicitud al ungimiento en Jesús. Ella fue curada, debido a que *el ungimiento rompe al yugo.* [5]

Un versículo muy popular para recibir un ofrecimiento es, "Vosotros habéis recibido libremente, dad libremente."[6] Pero el contexto del versículo es, con frecuencia, olvidado. Jesús se estaba refiriendo al ministerio de lo sobrenatural. Escuchad la implicancia: ¡"He recibido algo que tengo que dárselo a alguien más!" ¿Qué? El Espíritu Santo. Él es el don más grande que cualquiera pueda recibir. Y Él está viviendo en mí.

Cuando ejercemos el ministerio en el ungimiento, en realidad, estamos dando la presencia de Dios – Le impartimos a los demás. Jesús continuó enseñándoles a Sus discípulos lo que significaba *dar*. Incluía las cosas más obvias, tales como: curar a los enfermos, despojar a los demonios, etc. Pero, también incluía un aspecto, con frecuencia, olvidado: "Cuando vayáis a una casa... dejad que vuestra paz venga hacia ella." Existe una imparticion real de Su presencia que podemos ser capaces de hacer en dichas situaciones. Este es el modo en que atraemos a los perdidos hacia un encuentro con Dios. Aprendemos a reconocer Su presencia, a cooperar con Su pasión por la gente, y a invitarlos a recibir la *salvación*.[7]

Él nos ha hecho encargados de la presencia de Dios. No es como manipulear y utilizar Su presencia para nuestros propósitos religiosos. Somos conmovidos por el Espíritu Santo, por Quien nos convertimos en colaboradores con Cristo. Desde esa postura, nosotros Le invitamos a invadir las circunstancias que surgen ante nosotros.

Las formas más obvias se hallan en la prédica o en la oración por las necesidades especificas de la gente. No subestiméis esta importante herramienta. Al buscar oportunidades para servir, le otorgamos al Espíritu Santo la posibilidad de hacer aquello que solamente Él puede hacer – milagros. Yo no veo a todas las personas por las que oro para que se curen, no me inmuto ni siquiera cerca de los mil. Pero ¡hay muchas mas personas curadas que las que habría si no estuviera orando por nadie!

Dad a Dios una oportunidad para que haga solamente lo que Él puede hacer. Él busca a aquellos que están dispuestos a ser *manchados* con Él, permitiendo que Su presencia haga efecto sobre otras personas para el bien. Un ministro que estuvo de visita recientemente nos dijo, "La diferencia entre vosotros y yo es la siguiente: Si yo oro por una persona fallecida y no es levantada de entre los muertos, oro por la siguiente persona fallecida también. ¡No abandono!"

Jesús dijo, "Si no hago las obras de Mi Padre, no creáis en Mi." [8] Las obras del Padre son los milagros. Aun el Hijo de Dios declaró que era lo milagroso lo que le daba validez a Su ministerio en la tierra. En ese contexto, Él dijo, "... aquel que crea en Mi... hará obras más grandes que estas, porque Yo voy hacia Mi Padre." [9] Lo milagroso conforma una gran parte del plan de Dios para este mundo. Y debe venir a través de la Iglesia.

Espero con gran ansiedad el día en que la Iglesia se ponga de pie y diga, ¡"No creáis en nosotros excepto que estemos haciendo las obras que hizo Jesús!" La Biblia dice que debemos buscar con honestidad (¡lujuriosamente!) los dones espirituales.10 y que esos dones nos hacen *establecernos*. [11]. ¿Cuales? Todos ellos.

TRAYÉNDONOS EL CIELO

Le debo al mundo una vida llena del Espíritu, ya que les debo un encuentro con Dios. Sin la plenitud del Espíritu Santo en mí, no le doy a Dios un "buque rendido" a través del cual pueda fluir.

La plenitud del Espíritu fue el objetivo de Dios a través de toda la ley y de todos los profetas. La salvación era el objetivo inmediato pero la meta final sobre la tierra era la plenitud del Espíritu en el creyente. Llevarnos al cielo no se aproxima ni siquiera al gran desafió que representa traer el cielo a nosotros. Esto se logra a través de *la plenitud del Espíritu* en nosotros.

LA REVELACIÓN DE JACOBO

Jacobo, uno de los patriarcas del Antiguo Testamento, estaba durmiendo fuera cuando tuvo un sueño que contenía una de las revelaciones más sorprendentes que haya recibido un hombre jamás. Vio un cielo abierto con una escalera que descendía hacia la tierra. Sobre la escalera, había ángeles que subían y bajaban. Él estaba aterrado y dijo, *Dios está aquí y ni siquiera lo sabia*.[12] Dicha declaración describe muchos de los hechos de los cuales hemos estado siendo testigos en esta resucitación durante los últimos años – Dios se halla presente, aun así, muchos individuos no toman conciencia de Su presencia.

He sido testigo del toque de Dios sobre miles de personas en este "darse por entero" actual – conversiones, curaciones, matrimonios restaurados, adicciones erradicadas y libres a aquellos que estaban poseídos por el demonio. La lista relativa la cantidad de *vidas que han cambiado* es gloriosamente larga, y crece día a día. Aun cuando la vida de estas personas ha cambiado, siempre ha habido gente en la misma reunión que casi no pueden aguardar el momento de la finalización de la misma para irse. Una persona reconoce la presencia de Dios y cambia para siempre, la otra persona nunca se ha dado cuenta de lo hubiera podido ser.

JESÚS, EL TABERNÁCULO DE DIOS

El sueño de Jacobo nos ofrece la primera mención de *la casa de Dios* en las Escrituras. Esta casa contenía *Su presencia, una puerta hacia el cielo, una escalera, y ángeles que subían y bajaban entre el cielo y la tierra*.

Jesús afirma la revelación de Jacobo respecto a la casa de Dios en el planeta tierra, pero de un modo completamente inesperado. En el Evangelio según San Juan 1:14 dice, "La Palabra fue hecha carne y vivió entre vosotros." La palabra *vivió* significa "habitar un tabernáculo." Aquí, Jesús se presenta como el *Tabernáculo de Dios en la tierra*. Con posterioridad, en el mismo capitulo, Jesús dice que Sus seguidores verían "ángeles subiendo y bajando sobre el Hijo del Hombre." 13 Los detalles del Libro del Génesis 28 respecto a la revelación de la casa de Dios se ven en la persona de Jesús. Él es la ilustración de la revelación de Jacobo.

JESÚS TRANSFIRIÓ EL BASTÓN

A los fines que nosotros nos convirtamos en todo lo que Dios intentaba, debemos recordar que la vida de Jesús fue un modelo de en lo que la humanidad se podría haber convertido si hubiera estado en justa relación con el Padre. A través del derramamiento de Su sangre, seria posible para cualquiera que creyera en Su nombre hacer lo que Él hacia y convertirse en lo que Él era. Esto significaba que cada creyente verdadero tendría acceso al reino de vida en donde Jesús vivía.

Jesús vino como la luz del mundo. Él luego transfirió el bastón a nosotros anunciando que nosotros somos la luz del mundo. Jesús vino como un hacedor de milagros. Él dijo que nosotros haríamos "obras más grandes" que las que Él había hecho.[14] Luego, expresó la sorpresa más grandiosa de todas, "justo ahora el Espíritu Santo está con vosotros, pero Él estará en vosotros."[15] Jesús, quien nos mostró lo que es posible para aquellos que *son justos* con Dios, ahora expresa que Su pueblo debe ser el tabernáculo de Dios en el planeta tierra. San Pablo afirma esta revelación con declaraciones tales como, ¿"Sabes que eres el templo de Dios?"[16] ... y que eres un sitio donde habita Dios."[17]

¿Cuál fue la revelación inicial de la casa de Dios? Tiene la presencia de Dios, una puerta hacia el cielo y una escalera con ángeles que suben y bajan de ella. ¿Por que es tan importante que comprendamos esto? Esta revelación muestra los recursos que se hallan a nuestra disposición para llevar a cabo el plan del Maestro.

Frank DaMazio, de la Iglesia de la Biblia de la Ciudad en Pórtland, Oregon, provee una gran enseñanza relativa a este principio y a la iglesia local. Las denomina *Iglesias de Puerta*. Este principio respecto a ser los encargados del reino celestial, entonces se convierte en mas que el designio de un individuo, y se transforma en el privilegio de toda la Iglesia para la salvación de toda la ciudad.

EL DESIGNIO DE LOS ÁNGELES

Los ángeles son seres impresionantes. Son gloriosos y poderosos. Tanto es así que cuando aparecieron en las Escrituras, la gente, con frecuencia, se sentía atraída a alabarlos. Mientras que es sonso alabar a los ángeles, es igualmente sonso el ignorarlos. Los ángeles tienen el designio de servir dondequiera que sirvamos, si se necesita el elemento sobrenatural. ¿"No son los ángeles, espíritus de ministerio enviados a servir a aquellos que heredaran la salvación?"[18]

Yo creo que los ángeles han estado aburridos debido a que vivimos una clase de estilo de vida que no requiere mayormente de su colaboración. Su designio radica en asistirnos en cuanto a los logros sobrenaturales. Si no somos personas que asumimos riesgos, entonces queda muy poco espacio para lo sobrenatural. Se deben asumir riesgos para buscar soluciones a situaciones imposibles. Cuando la Iglesia recupere su apetito por lo imposible, los ángeles aumentaran sus actividades entre los hombres.

Del mismo modo que los fuegos de la resucitación se intensifican, así sucede con las actividades sobrenaturales alrededor de nosotros. Si el designio de los ángeles radica en asistirnos en los logros sobrenaturales, luego, debe existir necesidad por lo sobrenatural. Se debe asumir el riesgo para buscar soluciones para situaciones imposibles. El evangelio de poder es la respuesta a la trágica condición de la humanidad. John Wimber dijo, "Fe se deletrea R-I-E-S-G-O.". Si realmente deseamos mas de Dios, debemos cambiar nuestro estilo de vida de modo tal que Su manifestada presencia aumente en nosotros. Este no es acto de parte nuestra para, de algún modo, manipular a Dios. En vez, es el valiente intento de tomarle en Su Palabra, de modo tal que radicalmente obedezcamos Su cambio. Él dice *Amen*[19] respecto a lo milagroso. ¡Yo os desafío a buscar a Dios apasionadamente! Y en vuestra búsqueda, insistid sobre el estilo de vida sobrenatural – el que mantiene ocupados a los anfitriones del cielo, ¡qué se hallan en el Rey y en su Reino!

NO DEIS ORDENES A LOS ÁNGELES

Mientras que Dios ha proporcionado a los ángeles para asistirnos en nuestra comisión, yo no adopto la postura que implica dar ordenes a los ángeles. Algunas personas piensan que tienen la libertad de hacerlo. No obstante, yo creo que es una proposición peligrosa. Existe una razón para creer que los ángeles deben ser encomendados por Dios Mismo en respuesta a nuestras plegarias.

Daniel necesitaba una respuesta de Dios. Él oró durante 21 días. Finalmente, apareció un ángel con su respuesta. El ángel dijo a Daniel, "No temáis Daniel, ya que desde el primer día té has dispuesto a tu corazón para comprender y para ser humilde ante tu Dios, tus palabras han sido escuchadas; y yo he venido a causa de tus palabras. Pero el príncipe del reino de Persia me ha retenido durante veintiún días; y observando esto, Miguel, uno de los príncipes principales ha venido a ayudarme, ya que me habían dejado solo con los reyes de Persia."[20] Cuando Daniel oraba, Dios le respondió enviando un ángel con la respuesta. El ángel tuvo interferencias. Daniel continuó orando, lo cual, aparentemente, ayudo a liberar al arcángel San Miguel para luchar y liberar al primer ángel para que entregara el mensaje.

Existen muchos otros momentos en que los ángeles han venido en respuesta a las oraciones de los santos. En cada ocasión, fueron enviados para servir al Padre. Yo pienso que es mejor orar mucho y dejar que Dios imparta ordenes a los ángeles.

RUMBO A LO DESCONOCIDO

Yo viajo a muchas ciudades que son, espiritualmente, muy oscuras. Cuando uno llega a esas ciudades, se puede sentir la opresión. Teniendo en cuenta lo que yo represento para esa ciudad, seria erróneo que yo me concentrara en la oscuridad. Ni siquiera deseo ser impresionado por la obra del demonio. Yo voy como una *casa de Dios*. Como tal, contengo una puerta hacia el cielo, con una escalera que proporciona actividades angelicales conforme a la necesidad del momento. Simplemente, lo expongo de la siguiente manera, *¡Yo soy un cielo abierto!* Esto no se aplica a unos pocos elegidos. Por el contrario, la revelación se trata de la casa de Dios y los principios de la casa son aplicables a todos los creyentes. Pero, pocas personas se dan cuenta o implementan esta bendición *potencial*. Con un cielo abierto, yo me transformo en un vehículo en las manos de Dios para liberar los recursos del cielo sobre las calamidades de la humanidad. A los ángeles se les encomienda llevar a cabo la voluntad de Dios. "Bendecid al Señor, vosotros Sus ángeles, quienes os destacáis por vuestra fortaleza, quienes hacéis Su palabra, quienes prestáis oído a Su palabra".[21] Él está más ansioso por invadir este mundo que lo que nosotros estamos para recibir la invasión. Y los ángeles desempeñan una parte integral.

Ellos responden a Su mandato y ponen en vigencia Su Palabra. Pero *la voz de Su palabra* es escuchada cuando el Padre habla a los corazones de Su pueblo. Los ángeles esperan que el pueblo de Dios hable Su palabra. Yo creo que los ángeles escogen la fragancia de la sala del trono a través de la palabra hablada por la gente. Ellos pueden decir cuando una palabra tiene sus orígenes en el corazón del Padre, Y, a cambio, reconocen esa palabra como su designio.

Recientemente, he visto como esto sucedía en una reunión llevada a cabo en Alemania. Con anterioridad a la reunión, estaba orando con algunos de los lideres que habían patrocinado las reuniones. Mientras orábamos, vi a una mujer sentada a mi derecha que tenia artritis en la columna vertebral. Fue una breve imagen de la mente, que es el equivalente visual de una *vocecilla quieta* – tan fácil de perder como de encontrar. En esta imagen, la hice poner de pie y declare sobre ella, *¡Qué el Señor Jesús os cure!*

Cuando llegó la hora de la reunión, pregunte si había alguien que sufriera de artritis en la columna vertebral. Una mujer que se hallaba a mi derecha, sacudió su mano. La hice poner de pie y declare sobre ella, *¡Qué el Señor Jesús os cure!* Con posterioridad le pregunte dónde sentía dolor.

Ella lloró diciendo, ¡"Es imposible, pero el dolor se ha ido!" Los ángeles habían puesto en vigencia una palabra que se había originado en el corazón del Padre. Pero, durante ese momento, yo fue *la voz de Su palabra*.

DIOS, EL QUE DELEGA

Cuando Dios optó por enviar al Mesías a través de la Virgen María, envió a Gabriel, el ángel a traer el mensaje. Cuando el apóstol San Pablo estaba por sufrir el hundimiento de su barco, un ángel del Señor le dijo lo que ocurriría. En numerosas ocasiones en todas las Escrituras, los ángeles hicieron lo que Dios podría haber hecho fácilmente por Sí Mismo. Pero, ¿por qué Dios no hizo esas cosas por Sí Mismo? Por el mismo motivo por el cual Él no predica el evangelio: Él ha escogido permitir que Su creación disfrute del privilegio del servicio en Su Reino. El servicio con propósito afirma la identidad. Una autoestima similar a la de Dios deriva de hacer "lo que a Él le plazca." Un servicio verdadero es un rebalse de alabanzas.[22]

DIOS HACE COSAS IMPREVISTAS

Su mundo ha estado viniendo al nuestro con regularidad respecto a salvaciones, curaciones y liberaciones. Las manifestaciones de esa invasión varían. Son bastante fascinantes y demasiado numerosas como para colocarlas en un catalogo. Mientras que algunas de las manifestaciones son difíciles de comprender a primera vista, sabemos que Dios siempre trabaja para la redención.

En muchas ocasiones, la risa ha llenado una habitación, trayendo la curación a aquellos que sufren mal de amores. A veces, el polvo de oro cubre los rostros de las personas, las manos o su vestimenta durante la alabanza o el momento del ministerio. Con frecuencia, el aceite aparece en las manos de Su pueblo; y, particularmente, sucede entre los niños. Un viento a penetrado en un cuarto donde no hay ventanas abiertas, puertas, o ventíleles, etc. En algunos sitios, los creyentes han visto una nube real de Su presencia apareciendo sobre las cabezas de la gente que Le estaba alabando. También nos ha sucedido que la fragancia del cielo lleva un cuarto. Como experiencia propia, la fragancia del cielo llenó nuestro vehículo mientras Beni y yo estábamos haciendo alabanzas durante un corto viaje. Duró por aproximadamente 30 minutos, y era un perfume que realmente podía degustar, similar a gránulos de azúcar en mi lengua. He visto las gemas pequeñas que, de repente, aparecieron en las manos de las gentes mientras alababan a Dios. Desde principios de 1998, han estado cayendo plumas en nuestras reuniones. Al principio, pensé que los pájaros se estaban metiendo por los conductos de nuestro aire acondicionado. Pero luego, comenzaron a caer en otras habitaciones de la iglesia que no estaban conectadas al mismo conducto. Actualmente, caen en casi todos los lugares a donde voy – aeropuertos, hogares, restaurantes, oficinas y demás.

He mencionado este fenómeno debido a que parece ofender a muchas personas que plenamente acogen este movimiento de Dios. Jerrel Miller, editor de "*The Remnant*" (*El Vestigio*), un periódico cuyo propósito es registrar los acontecimientos que rodean a esta resucitación, tuvo que tomar coraje cuando reportó estas manifestaciones inusuales. Aquellos que criticaron su informe son participantes de esta resucitación. Una vez que hemos realizado ciertos ajustes en nuestro sistema de creencia acerca de lo que Dios puede hacer y hará, resulta fácil pensar que nos hemos "estirado" lo suficiente. "Nuestras creencias ahora son acordes con el movimiento de Dios.". Nada puede estar más alejado de la verdad. Tal como las generaciones anteriores a nosotros, se hallan peligrosamente cerca de regular la obra de Dios por *una lista nueva y revisada de manifestaciones aceptables*. Ya no se trata de lagrimas durante una canción especial o un momento de arrepentimiento que sigue tras un sermón conmovedor. Nuestra lista nueva incluye caídas, temblores, risa, etc. El problema radica en que – aun es una lista. Y Dios la quebrantara. Él debe hacerlo. Debemos aprender a reconocer Su movimiento por el reconocimiento de Su presencia. Nuestras listas son solamente buenas para revelar nuestra actual comprensión o experiencia. Mientras que no busque promover las manifestaciones extrañas, o las *novedades*, me estoy negando a sentirme incomodo respecto a lo que Dios está haciendo. Esa lista que nos aleja de cometer cierta clase de errores, también los aleja de lograr determinadas clases de victorias.

NEGARSE A SENTIRSE INCÓMODO POR DIOS

Sus manifestaciones, mientras que resultan ofensivas para las mentes de muchas personas, son ilimitadas respecto a su cantidad, y constituyen indicadores simples de la presencia y propósito de Dios. ¿Por que son necesarias? Porque Él desea llevarnos más allá, y solo podemos llegar allí siguiendo los signos. Nuestra actual comprensión de las Escrituras solo pueden llevarnos hasta aquí.

Recordad, los signos son realidades que señalan una realidad más grandiosa. Si Él nos está dando signos, ¿quienes somos nosotros para decir que no tienen importancia? Muchas personas reaccionan frente a esta postura debido a que le temen a *la alabanza del signo*. Mientras que su razonamiento puede ser noble respecto al intento, es sonso pensar que se puede llevar a cabo el designio de Dios e ignorar las *notas personales* de Dios en el camino. En el reino de lo natural, utilizamos señales que nos ayudan a encontrar una ciudad, un restaurante en particular, o un lugar de trabajo. Es práctico. Del mismo modo, los signos y las maravillas son parte natural del Reino de Dios. Constituyen la manera normal de trasladarnos desde donde estamos a donde necesitamos estar. Ese es su propósito. Si los hombres sabios no hubieran seguido la estrella, se tendrían que haber contentado con leer acerca de la experiencia de otras personas. Yo no. Existe una diferencia entre alabar a *los signos* y *seguir los signos;* la primera está prohibida, la segunda es esencial. Cuando seguimos Sus signos hacia las profundidades más grandiosas en Dios, Sus signos nos siguen en mayor medida para la salvación de la humanidad.

CONOCER EL DIOS DEL PODER

Todas las veces que enseño sobre la búsqueda de un evangelio de poder, alguna persona, ocasionalmente, sigue mi mensaje con una afirmación de nuestra necesidad de poder, pero hacer recordar a todos la prioridad relativa al conocimiento del *Dios del poder.* Ciertas palabras verdaderamente. El poder contiene poco placer si no hay una relación íntima con Dios. Pero ese comentario es, con frecuencia, religioso por naturaleza. Una persona que siente pasión por el poder y la gloria de Dios intimida a aquellos que no la sienten. Mi hambre respecto a Su poder solamente es sobrepasada por mi deseo de Él. Ha sido mi búsqueda de Él que me ha conducido a esta pasión por un autentico evangelio.

Algo sucedió en mi que no me permitirá aceptar un evangelio que no este avalado por signos y maravillas. ¿Es debido a que he atrapado una revelación de milagros sobre la tierra? ¡No! Me ha atrapado a mí. He descubierto que no existe ninguna satisfacción duradera en la vida sino la que procede de las expresiones de la fe.

VERLO TAL CUAL ES

El próximo capítulo presenta una verdad sorprendente para nosotros acerca de lo que significa ser como Jesús.

NOTAS DE CIERRE

1. Josué 1 5-9.
2. Ver Evangelio según San Mateo 28:19-21.
3. Evangelio según San Lucas 11:23.
4. Isaías 10:27.
5. Isaías 10:27.
6. Evangelio según San Mateo 10:8.
7. Salvación—sozo—salvación, curación y liberación.
8. Evangelio según San Juan 10:37.

9. Evangelio según San Juan 14:12.

10. Ver Primera Carta a los Corintios 14:1.

11. Romanos 1:11.

12. Ver Libro del Génesis 28:16.

13. Evangelio según San Juan 1:51.

14. Evangelio según San Juan 14:12.

15. Ver Evangelio según San Juan 14:17—parafraseo personal.

16. Primera Carta a los Corintios 3:16.

17. Ver Efesios 2:22.

18. Hebreos 1:14.

19. Evangelio según San Marcos 16:20.

20. Libro de Daniel 10:12-13.

21. Salmos 103:20.

22. Recordad, siempre nos convertimos en aquel que alabamos. ¿Cómo podría Él desear algo mas de nosotros que eso?

13

Nuestra Identidad en este Mundo

Mientras que la mayoría de la Iglesia aun está intentando convertirse
en lo que fue Jesús, la Biblia expone, "Nosotros somos como Él." [1]

Jesús fue el siervo en sufrimiento que se encaminaba hacia la cruz. Pero Jesús resucitó pleno de triunfo, ascendió y fue glorificado. En la Revelación de Jesucristo, San Juan Le describe de la siguiente manera: "Su cabeza y Su cabello eran blancos como la lana, tan blancos como la nieve, y Sus ojos eran como una llama de fuego; Sus pies parecían estar hechos de un metal fino, tal como se refina en un horno, y Su voz era como el sonido de muchas aguas." [2]

La declaración que expone que "somos como es Él" se halla mucho más allá de lo que nosotros pudiéramos haber imaginado; particularmente a la luz de la descripción glorificada de Jesús en el Libro de la Revelación, Capítulo 1. Aun así, el Espíritu Santo fue enviado específicamente para este propósito que podríamos lograr… "en la medida de la estatura de la plenitud de Cristo." [3]

El Espíritu Santo vino con el designio final en el momento perfecto. Durante el ministerio de Jesús, se dijo: "El Espíritu Santo no ha sido dado aun, ya que Jesús aun no ha sido glorificado. "[4] El Espíritu Santo nos alivia, nos da dones, nos recuerda lo que Jesús ha dicho, y nos reviste con Su poder. Pero Él hace todo esto para que *seamos como Jesús.* Esa es Su misión principal. Entonces, ¿por qué el Padre no Le envió has que Jesús fue glorificado? Porque sin Jesús en Su estado glorificado, ¡no había un *modelo celestial en el que debíamos convertirnos!* Tal como un escultor mira un modelo y moldea la arcilla conforme a su gusto, del mismo modo, el Espíritu Santo mira al Hijo glorificado y nos moldea a Su imagen. *Nosotros somos en este mundo tal como Él.*

LA VIDA CRISTIANA

La vida cristiana no se funda en la Cruz. Se funda *debido a* la Cruz. Es el poder de Su resurrección lo que brinda energía al creyente. ¿Esto disminuye el valor de la Cruz? ¡No! La sangre derramada del Cordero sin mancha erradicó el poder y la presencia del pecado en nuestras vidas. ¡NO TENEMOS NADA SIN LA CRUZ!

Aun así, la cruz no es el fin – es el principio, el ingreso a la vida cristiana. Aun para Jesús, la cruz era algo que debía soportar ¡a los fines de obtener el gozo en el otro lado![5] *La gran mayoría del mundo cristiano aun se halla llorando a los pies de la cruz. La conciencia de la humanidad se queda "pegada" a la imagen del Cristo que murió, no a la imagen del Cristo que vive. La gente mira hacia atrás buscando al Redentor que fue, en vez de buscar al Redentor que es.* [6]

Suponed que se me ha perdonado una deuda financiera. Se podría decir que *he salido de la zona roja*. Aun así, con posterioridad a que mis deudas han sido perdonadas, aun no estoy en *la zona negra*. No tengo nada a menos que aquel que ha perdonado mi deuda me dé dinero, y eso es lo que Cristo ha hecho por ti y por mí. Su sangre borró mi deuda de pecado. Pero fue Su resurrección que me ha llevado *hacia la zona negra*.[7]

¿Por qué esto es tan importante? *Porque cambia profundamente nuestro sentido de identidad y propósito.*

Jesús se convirtió en pobre para que yo pueda convertirme en rico. Él sufrió los latigazos para liberarme de la aflicción, y Él se convirtió en pecado para que pudiera convertirme a la justicia de Dios.[8] ¿Por que, entonces, yo intento convertirme en lo que *Él fue*, cuando Él sufrió para que yo pudiera convertirme en lo *Él es*? En algún momento, la realidad de la resurrección debe tener lugar en nuestras vidas – debemos descubrir el poder de la resurrección por todos aquellos que creen.[9]

LA FALSIFICACIÓN DE LA CRUZ

Jesús dijo, "Si alguno desea seguirme, permitid que se niegue a sí mismo, y tome su cruz y Me siga."[10] Un malentendido respecto a esta convocatoria ha conducido a muchas personas a seguir Su vida de auto negación, pero con muy poca relación con Su vida de poder. Para ellos, la camino de la cruz involucra el intento de crucificar su naturaleza de pecado a través de acogernos a una sensación de "rotura sin gozo alguno" como una evidencia de la cruz. Pero debemos *seguirle en todas Sus formas* – ¡hacia un estilo de vida fortalecido por la resurrección!

La mayoría de las religiones tiene una copia del *camino* de la cruz. La auto negación, auto humillación y cosas como esas, son todas fácilmente copiadas por las sectas de este mundo. La gente admira a aquellas personas que tienen disciplinas religiosas. Aplauden al ayuno y a la abstinencia y respetan a aquellos que optan por la pobreza o soportan una enfermedad por la salvación de la espiritualidad personal.

Pero mostradles una vida plena de gozo debido al poder transformador de Dios, y no solamente aplaudirán sino que desearan ser como vosotros. La religión es incapaz de imitar la vida de la resurrección con su victoria sobre el pecado y el infierno.

Aquel que acoge una cruz inferior se halla en forma constante lleno de introspección y sufrimiento auto inducido. Pero la cruz no se aplica por si misma – Jesús no se clavó a Sí Mismo en la cruz. Los cristianos que están atrapados por esta falsificación hablan en forma permanente acerca de sus debilidades. Si el demonio nos encuentra desinteresados en el mal, luego, intentara que nos concentremos en nuestra falta de dignidad e inhabilidad. Esto es particularmente palpable en las reuniones de oración cuando la gente intenta proyectar un gran quebrantamiento frente a Dios, con la expectativa de ganar la resucitación. Con frecuencia, estas personas vuelven a confesar viejos pecados buscando una humildad verdadera

En nuestra propia búsqueda de Dios, yo, con frecuencia, ¡solía preocuparme por MÍ! Era fácil pensar que al estar constantemente consciente de mis defectos y debilidad representaba humildad. ¡No lo es! Si yo soy el sujeto principal, que habla de un modo incesante acerca de sus debilidades, he ingresado a la forma más sutil de orgullo. Frases repetidas, tales como, "No soy digno," se transforman en un reemplazo nauseabundo de las declaraciones de dignidad de Dios. Al haber *vendido* mi propia injusticia, el enemigo me ha desconectado del servicio eficaz. Resulta ser una perversión de la santidad verdadera cuando la introspección provoca que mi auto estima espiritual crezca, pero que mi efectividad respecto a demostrar el poder del evangelio disminuya.

El quebranto verdadero provoca una completa dependencia de Dios, trasladándonos hacia la obediencia radical que libera el poder del evangelio al mundo que nos rodea.

MOTIVOS IMPUROS

He luchado durante varios años con la auto evaluación. El problema principal fue que nunca pude hallar algo bueno en mi. Siempre me conducía al desaliento, el cual, a su vez, me conducía a la duda, y eventualmente, me conducía al descreimiento. De algún modo, había desarrollado la noción que este era el modo de convertirme en santo – mostrando un tremendo interés en mis propios motivos.

Puede sonar extraño, pero no suelo examinar mis motivos en cualquier parte. Ese no es mi trabajo. Trabajo duramente para obedecer a Dios respecto a todo lo que soy y a todo lo que hago. Si me *desconecto* respecto a un tema, es Su labor señalármelo. Con posterioridad a muchos años de haber intentado hacer solamente lo que Él pudo hacer, descubrí que yo no era el Espíritu Santo. Yo no puedo condenarme o liberarme del pecado por mí mismo. ¿Ello significa que nunca tengo que tratar con motivos impuros? No. Él se ha mostrado a Sí Mismo muy interesado en señalar mi constante necesidad de arrepentimiento y cambio.

Pero Él es el centro de atención, y Él Solo puede darme la gracia de cambiar.

Existe una diferencia primordial entre el creyente que está siendo tratado por Dios, y aquel que se ha tornado introspectivo. Cuando Dios busca al corazón, Él encuentra cosas en nosotros que desea cambiar. Él os entrega la convicción debido a Su compromiso de liberarnos. Dicha revelación provocó que yo ore de la siguiente manera:

Padre, Tú sabes que no me comporto tan bien cuando miro hacia dentro, entonces voy a detenerme. Estoy confiando en Ti para que me señales las cosas que necesito ver. Os prometo permanecer en Tu Palabra. Tú dijiste que Tu Palabra es una espada – entonces por favor úsala para hacer en mi un corte profundo. Exponed aquellas cosas en mi que no son placenteras para Ti. Pero al hacerlo, por favor dame la gracia para abandonarlas. Yo también os prometo dirigirme hacia Ti a diario. Tu presencia es como el fuego. Por favor quemad dentro de mí aquellas cosas que Os place. Derretid mi corazón hasta que sea como el corazón de Jesús. Sed misericordioso conmigo en estas cosas. Yo también os prometo permanecer en estado de compañerismo con Tu pueblo. Tú dijiste que el hierro afila al hierro. Yo tengo la esperanza que Tú unjas las "heridas de un amigo" para que recupere el sentido común cuando me encuentro resistente hacia Ti. Por favor utiliza aquellas herramientas para afilar mi vida hasta que solo vean a Jesús en mi. Yo creo que Tú me has dado Tu corazón y mente. Por medio de Tu gracia, yo soy una nueva creación. Deseo que esa realidad sea palpable, y que el nombre de Jesús sea tratado con el más elevado de los honores.

CONTRARRESTAR LA FALSIFICACIÓN

Yo creo que, en su mayoría, esta falsificación del camino de la cruz se acoge debido a que no requiere de fe. Resulta fácil ver mi debilidad, mi propensión al pecado, y mi inhabilidad de ser como Jesús. La confesión de esta verdad no requiere de fe en lo absoluto. Por el contrario, para hacer lo que San Pablo encomendó en Romanos 6:13, para considerarme a mí mismo muerto en el pecado, ¡debo creer en Dios!

Por lo tanto, cuando os halléis en vuestro estado mas débil, declarad, ¡"YO SOY FUERTE! Poneos de acuerdo con Dios independientemente de cómo os sentís y descubrid el poder de la resurrección. Sin fe, es imposible complacer a Dios. El primer lugar en donde debemos ejercer la fe es en nuestra condición con Dios.

Cuando Dios le dio a Moisés una tarea noble, él respondió ¿"Quien soy yo?" Dios cambió de tema diciendo, "Ciertamente Yo estaré contigo." Cuando nos concentramos en nuestra falta, el Padre intenta cambiar de tema hacia algo que nos conducirá hacia la fuente y fundamento de la fe: El Mismo. El llamado noble siempre revela la nobleza de *Quien os llama*.

Excepto por Cristo, nosotros somos indignos. Y es cierto que sin El no somos nada. Pero yo no estoy sin Él, ¡y nunca lo estaré nuevamente! ¿En que momento comenzamos a pensar en nuestra dignidad a través de Sus ojos? Si es verdad que el valor de algo se mide por lo alguien pagara por ello, entonces necesitamos reflexionar sobre nuestra dignidad. ¿Alguna vez reconocemos quienes somos ante Él? Por favor, no malentendáis. No estoy alentando la arrogancia o la seguridad ofensiva. Pero, ¿no Le honraría mas si creyéramos que Èl, en realidad, hizo un trabajo suficientemente bueno al salvarnos, y que efectivamente estamos salvados? Jesús pagó el precio final para hacer de la salvación algo posible para nosotros para que sufriéramos un cambio en nuestra identidad. ¿No es tiempo de que creamos y recibamos los beneficios? Si no lo hacemos, quebrantaremos nuestra confianza mientras nos paramos frente al mundo en estos tiempos finales. El coraje que necesitamos no radica en la auto confianza, sino en la confianza que el Padre tiene en el trabajo de Su Hijo en nosotros. Ya no se trata mas de una cuestión del cielo o del infierno. Es solo una cuestión de cuanto pensamiento procedente del infierno permitiré que entre a esta mente mía celestial.

¿No Le honramos más cuando Sus hijos ya no se ven a sí mismos como *pecadores salvados por la gracia*, sino ahora como *herederos de Dios*? ¿No es una forma más grandiosa de humildad creerle cuando Él dice que nosotros somos preciados en Sus ojos cuando nosotros no nos sentimos muy preciados? ¿No Le honramos más cuando pensamos en nosotros mismos como seres libres de pecado debido a que Él dijo que lo somos? En algún momento, debemos levantarnos frente al llamado de Dios y dejar de decir cosas acerca de nosotros mismos que ya no son ciertas. Si plenamente nos vamos a dirigir hacia lo que Dios tiene para nosotros en esta resucitación de los últimos días, deberemos agarrarnos fuertemente del concepto de que somos mas que *pecadores salvados por la gracia*. La madurez procede de la fe en la suficiencia del trabajo de redención de Dios que nos determina como hijos e hijas del Más Alto.

SER COMO ÉL

Nosotros somos en este mundo como Él es. La revelación de Jesús en Su estado glorificado tiene, por lo menos, cuatro características sobrecogedoras, que afectan directamente la transformación que viene de la Iglesia; estas características deben ser contempladas como parte del plan de Dios en estos tiempos finales.

La Gloria – La gloria es la presencia manifestada de Jesús. La historia de la resucitación está repleta de historias de Su presencia manifiesta yaciendo sobre Su pueblo. Él vive en todos los creyentes, pero la gloria de Su presencia yace solamente en unos pocos. Con frecuencia, se ve y a veces, se siente. Él está retornando por una Iglesia gloriosa. No es una opción.

Se vieron lenguas de fuego sobre las cabezas de los apóstoles en el día de Pentecostés. En tiempos más modernos, se ha visto al fuego brillar desde las cúpulas de las iglesias cuando la gente de Dios se reúne en Su nombre. Durante la resucitación de la calle Azuza, se llamó al departamento de bomberos para que extinguieran un ardor, solo para descubrir que la gente que se hallaba dentro estaba alabando a Jesús. El agua no pudo apagarlo ya que no se trataba de un "incendio natural." Todos los poderes del infierno no pueden apagarlo. Los únicos capaces de apagarlo son aquellos a quienes se confió el fuego. Muchos creyentes bien intencionados, con frecuencia, utilizan el control como un medio para "supervisar" el fuego pensando que están sirviendo a Dios. Por el otro lado, algunas personas tienden a exagerar abanicar una llama emocional aun cuando el fuego ya se encuentra allí. Ambas son expresiones del hombre carnal – y cuando el hombre carnal se halla a cargo, la gloria de Dios debe disiparse.

Si el Padre lleno los hogares del Antiguo Testamento con Su gloria, aunque habían sido edificadas por manos humanas, ¡cuánto mas llenara el sitio que Él ha construido con Sus propias manos! Él está edificando en nosotros Su eterno sitio de habitación.

El Poder –*El ser como Él* involucra ser una continua expresión de poder. El bautismo en el Espíritu Santo nos reviste con este elemento celestial. Del mismo modo que la vestimenta se halla fuera del cuerpo, así el poder debe ser la parte más visible de la Iglesia creyente. Es *el poder de la salvación* – para nuestro cuerpo, nuestra alma y nuestro espíritu.

Muchas personas que se hallan en el mundo que nos rodea, buscan ayuda concurriendo a una persona vidente o a un culto con anterioridad a venir a la Iglesia. También buscan asistencia médica, tanto legitima como ilegitima, antes de pedirnos que oremos por ellos. ¿Por qué? En la mayoría de los casos, no estamos revestidos con el poder celestial. Si lo tuviéramos, lo verían. Si lo vieran, vendrían a nosotros.

El vacío de poder en la Iglesia permite el florecimiento de cultos y dones proféticos falsos. Pero no habrá competencia alguna cuando dichas instituciones falsas se enfrenten con la generación de Elías que se reviste con el poder celestial en el Monte Carmelo del razonamiento humano.

El Triunfo – Jesús conquistó todas las cosas: el poder del infierno, la tumba, el pecado y al demonio. Él resucitó de entre los muertos, ascendió a la derecha del Padre, y, por sobre todas las cosas, fue glorificado. Toda denominación y poder han sido puestos a Sus pies. Él nos llama Su cuerpo – y este cuerpo tiene pies. Hablando de un modo figurado, Él está diciendo que la parte mas baja de Su cuerpo tiene autoridad sobre la parte más alta de todo lo demás. Esta victoria no significa que vivamos sin tener que enfrentar batallas; simplemente significa que la victoria está garantizada.

La actitud de aquellas personas que viven a partir del triunfo de Cristo es diferente que la de aquellas que viven bajo la influencia de su pasado. La única parte del pasado a la cual tenemos acceso legal es al *testimonio del Señor.*[11] Es resto está muerto, enterrado, olvidado, y cubierto con sangre. El pasado no debería tener ningún efecto negativo sobre el modo en que vivimos, ya que la sangre de Jesucristo es mas que suficiente. El privilegio de cada creyente yace en vivir a partir de la victoria de Cristo. Esta realización se halla en la fundación de una Iglesia que triunfará aun como Él ha triunfado.

La Santidad – Jesús es perfectamente santo – separado *de* todo lo malo, *unido* a todo lo que es bueno. La santidad es el lenguaje a través del cual se revela la naturaleza de Dios. El salmista escribió la frase, "en la belleza de la santidad." La santidad en la Iglesia revela la belleza de Dios.

Nuestra comprensión de santidad, aun en ciertas épocas de resucitación, se ha centrado, con frecuencia, alrededor de nuestro comportamiento – aquello que podemos y no podemos hacer. Sin embargo, lo que en el pasado fue reducido de un modo incorrecto a un listado de lo que se puede y no se puede hacer, pronto se convertirá en la más grande revelación que Dios haya hecho al mundo jamás. Mientras que el poder demuestra el corazón de Dios, la santidad revela la belleza de Su naturaleza. Ha llegado la hora de la gran revelación de la belleza de la santidad.

CONCLUSIÓN

A Zacarías le fue hecha una promesa por parte de Dios que se hallaba por encima de su comprensión: él iba a tener un hijo en su ancianidad. Era difícil de creer, entonces él le pregunto a Dios que le diera una confirmación. ¡Aparentemente, el hecho que un ángel hablara con él no había significado una señal suficiente! Dios lo dejo en silencio durante nueve meses. Cuando Dios silencia las voces del descreimiento, es porque, usualmente, sus palabras podrían afectar el resultado de una promesa. Cuando Zacarías vio la promesa de Dios cumplida y eligió nombrar a su hijo conforme al mandato, contra la voluntad de sus familiares, Dios soltó su lengua. La obediencia contra la opinión popular, con frecuencia, reintroducirá a alguien a la fe personal. Y esa es la fe que se enfrenta al entendimiento.

A María también se le había hecho una promesa que estaba por encima de toda comprensión, ella daría a luz al Hijo de Dios. Cuando ella no podía comprender, preguntó como iba a ser posible ya que ella era virgen. La comprensión de una promesa hecha por Dios nunca ha representado un pre-requisito para su cumplimiento. La ignorancia pide comprensión, el descreimiento pide pruebas. Ella no se halla en la misma posición que Zacarías, ya que, aunque era ignorante se rindió a la promesa. Su clamor permanece siendo una de las expresiones mas significativas que la Iglesia puede aprender en la actualidad – *"Hágase en mi según Tu palabra."*

Hemos mencionado una promesa increíble de importancia suprema para la Iglesia. Existen una pocas cosas mas que se hallan mas lejos de nuestra comprensión que la declaración. *Nosotros somos en este mundo tal como Él es.* Y es entonces cuando se nos presenta la opción: situarnos en el lugar de Zacarías y perder nuestra voz, o caminar por el sendero de María e invitar a Dios a que restaure las promesas que nosotros no podemos controlar.

Esta identidad establece seguridad en el carácter a medida que nos involucramos y comprometemos con la lucha espiritual. En el próximo capítulo, proporcionaremos la perspicacia y el entendimiento necesarios ¡para tener éxito en la lucha!

NOTAS DE CIERRE

1. Primera Carta de Juan 4:17.

2. Libro de la Revelación 1:14-15.

3. Efesios 4:13.

4. Evangelio según San Juan 7:39.

5. Ver Hebreos 12:2.

6. John G. Lake—Su vida, Sus sermones, Su fortaleza en la fe—página 57.

7. Ver Evangelio según San Juan 10:10.

8. Ver Segunda Carta a los Corintios. 5:21.

9. Ver Efesios .1:21 y 3:20.

10. Evangelio según San Mateo 16:24.

11. Ver Salmos 119:111.

14

¡Luchando por Invadir!

El cristiano real es un luchador leal. Es el que ama,
el que entra a la competencia con toda su alma y
captura la situación para el Señor Jesucristo.[1]

Durante demasiado tiempo la Iglesia ha jugado por la defensa en la batalla por las almas. Escuchamos lo que algún culto o partido político está planeando hacer, y reaccionamos creando estrategias a los fines de contrarrestar los planes del enemigo. Se forman comisiones, los directorios debaten y los pastores predican contra cualquier cosa que el demonio esté haciendo o bien, esté por hacer. Esto puede parecer una sorpresa, pero no me interesa lo que demonio tenga en sus planes. La Gran Comisión me pone a la defensiva. Yo tengo el balón. Y si porto el balón de un modo efectivo, sus planes no interesan.

Intentad imaginaros un equipo de football estadounidense en un grupo situado en una cancha. El entrenador ordena el juego, el estratega se comunica entonces con sus compañeros de equipo que se encuentran en la defensa. A los costados, se halla la defensa del equipo contrario. Su estratega se alinea fuera de los limites con los miembros de la defensa de su equipo, pero no tienen el balón ni se encuentran en la cancha real. Ahora, imaginaos a la defensa real distrayéndose por las acciones intimidatorias de los miembros de la defensa del equipo contrario. Atrapados por sus propias payasadas, el estratega huye de la cancha en estado de pánico, informándole al entrenador que es mejor que coloquen a la defensa en la cancha debido a que el otro equipo esté por realizar una jugada sorpresiva.

Tan sonsa como suena, esta es la condición de gran parte de la Iglesia en este momento. Satanás revela sus planes para ponernos a la defensiva. El demonio ruge, y nosotros actuamos como si hubiéramos sido vencidos. Detengamos pues esta sonsera y dejemos de adorar al demonio con debates interminables respecto a lo *que está mal en el mundo debido a él*. Nosotros tenemos el balón. El grupo de alumnos anteriores observa con emoción como la *ofensiva de dos minutos* ha sido situada en la cancha. El potencial superior de esta generación no tiene nada que ver con nuestra bondad, sino que está completamente relacionado con el plan del Maestro de situarnos en este momento de la historia. Tenemos que ser la peor pesadilla del diablo.

POR QUÉ SATANÁS DEJA
FILTRAR SUS PROPIOS SECRETOS

Honestamente, creo que satanás permitirá que sus estrategias se revelen de modo tal que podamos reaccionar conforme a ellas. A satanás le encanta tener el control. Y lo está cada vez que nosotros no lo estamos. Las reacciones provienen del temor.

Estamos *¡aguardando hasta que Jesús venga!* Somos un abrumador grupo de gente que ha sido comprada con sangre, que está llena del Espíritu Santo, y que está comprometida con Dios Mismo, a los fines que todo lo que Él ha dicho comience a suceder. Cuando efectuamos planes de acuerdo a los planes del diablo, automáticamente nos revestimos con una mentalidad equívoca. Tales actitudes incorrectas pueden *afianzarse mucho a nuestro pensamiento* lo cual invita al asalto legal por parte del infierno. Como tal, nuestros temores se convierten en profecías auto cumplidas.

LOS SECRETOS BÍBLICOS DE LA BIBLIA

La lucha espiritual es inevitable, e ignorar el tema no va a provocar que nos lo quitemos de encima. Por lo tanto, ¡debemos aprender a luchar con autoridad sobrenatural! Los siguientes principios son, con frecuencia, elementos que se pasan por alto:

1. "Cuando Faraón dejó salir al pueblo, Dios no los llevó por el camino de la tierra de los filisteos, aunque era más corto; pues se dijo Dios: "No sea que, al verse atacado, se arrepienta el pueblo y se vuelva a Egipto.""[2]

Dios es consciente de que podemos manejar nuestro estado actual. Él nos guía fuera de cualquier lucha que podría provocar que nos volvamos y abandonemos nuestra convocatoria. La implicancia radica en que Él nos conduce solamente hacia las batallas que estamos preparados para ganar.

En esta guerra, el sitio más seguro es la obediencia. En el centro de Su voluntad, solo enfrentamos aquellas situaciones para las cuales estemos equipados para ganar. Muchos cristianos caen fuera del centro, enfrentándose a presiones indebidas que son auto infligidas. Su voluntad es el único sitio seguro para nosotros.

2. "Preparad una mesa ante mí en la presencia de mis enemigos."[3]

De ningún modo, Dios es intimidado por las payasadas del diablo. Dios desea el compañerismo con nosotros justo frente a los ojos del diablo. La intimidad con Dios es nuestro fuerte uniforme de batalla. Nunca dejéis que algo os distraiga de este punto de fortaleza. Muchas personas se tornan en "excesivos luchadores' por su propio bien. Dicha intensidad, con frecuencia, despliega la fortaleza humana – no la gracia. El optar por esta mentalidad de excesiva e intensa lucha nos causa que nos apartemos del gozo y de la intimidad con Dios. Es una indicación relativa a que nos hemos desviado de nuestro *primer amo*.[4] La intimidad que San Pablo tenia con Dios, le dio la posibilidad de decir de un demonio que infectaba la prisión romana, ¡"Regocijaos, nuevamente os digo, regocijaos!"

3. "… de ninguna manera os alarméis por vuestros enemigos – lo cual significa una señal de destrucción para ellos, pero una de salvación para vosotros, y ella también, procede de Dios."[5]

Cuando rechazamos al temor, el enemigo se aterroriza. ¡Un corazón confidente en una señal de su destrucción final y de nuestra victoria presente! No temáis – nunca. Retornad a las promesas de Dios, transcurrid tiempo con gente de fe, y alentaos el uno al otro con los testimonios del Señor. Alabad a Dios por quien es Él hasta que el temor deje de golpear a la puerta. Esta no es una opción, ya que el miedo realmente invita al enemigo a matar, robar y destruir.

4. "Por lo tanto, someteos a Dios. Resistid al demonio y él huirá de vosotros."[6]

La sumisión es la clave para el triunfo personal. Nuestra principal batalla respecto a la lucha espiritual no es contra el diablo. Es contra la carne. Situarse en estado de sumisión pone a los recursos del cielo a nuestra disposición para perdurar hasta alcanzar la victoria – poniendo en vigencia aquello que ya ha sido logrado en el Calvario.

5. "… y las puertas del infierno no prevalecerán sobre ella" [la Iglesia.][7]

Yo no he sido dejado en el planeta tierra para estar escondido aguardando el regreso de Jesús. Estoy aquí como un representante militar del cielo. La Iglesia está al ataque. Esa es la razón por la cual las *puertas del infierno*, el sitio del gobierno y de la fortaleza demoníacos, NO PREVALECERÁ contra la Iglesia.

6. "Él fortaleció a Su pueblo enormemente, y los hizo aun más fuertes que sus enemigos. Él tornó sus corazones para que odiaran a Su pueblo, para que trataran directamente con Sus siervos."[8]

En primer lugar, Dios nos fortalece, y luego Él sacude el corazón del diablo para nos odio. ¿Por que? No es porque Él desee crear problemas para Su Iglesia. Es debido a que a Él le gusta ver al demonio vencido por aquellos que han sido hechos a Su imagen y semejanza, aquellos que tienen una relación de amor con Él por elección. Nosotros representamos a Su autoridad delegada. Su deleite radica en que nosotros pongamos en vigencia el triunfo de Jesús. "A los fines de ejercer en ellos la sentencia escrita – honor del cual gozaran todos Sus santos."[9]

7. "... permitid que los habitantes de Sela canten en voz alta. Él despertará su celo como un guerrero. Él gritará, sí. Él clamara por la guerra. Él prevalecerá sobre Sus enemigos."[10]

Nuestro ministerio para Dios es uno de los privilegios más importantes de la vida. Rendid honores a Dios. Pero también nos edifica y ¡destruye los poderes del infierno!

Resulta sorprendente pensar que yo puedo alabarle, que Su paz llene mi corazón, y escucharle decir que yo soy hombre poderoso de valor. Todo lo que he hecho es alabarle. Él destruyó los poderes del infierno en mi nombre y representación y me dio los "puntos" para la victoria.

De ningún modo, esta es una lista completa. Es tan solo suficiente para volcarnos hacia nuestra perspectiva de lucha espiritual en vez de adoptar una perspectiva religiosa y carnal, hacia alguien que tiene una mentalidad de Reino. Arrepentios, cambiad vuestro modo de pensar, y seréis capaces de ver cuan "a mano" está realmente Su Reino.

Hemos nacido en medio de una guerra. No hay descansos, ni vacaciones, ni licencias por enfermedad. El sitio mas seguro es el centro de la voluntad de Dios, que es el lugar de intimidad profunda. Allí, Él solamente permite que sucedan las batallas para las cuales estamos equipados para ganar.

No solamente es el sitio mas seguro, sino que es el lugar de mas gozo de cada uno de los creyentes. Fuera de la intimidad, es muy probable que perdamos el acontecimiento más grandioso de la tierra. Este es el tema del próximo capítulo.

NOTAS DE CIERRE

1. *John G. Lake*— *"His Life, His Sermons, His Boldness of Faith" (Su vida, Sus Sermones, Su Coraje)*—página 205. Kenneth Copeland Publications, Ft. Worth, TX, ©1994.

2. Libro del Éxodo 11317.

3. Salmos 23:5.

4. Ver Libro de la Revelación 2:4.

5. Filipenses 1:28 NAS. (Nueva Versión estadounidense)

6. Jaime 4:7.

7. Evangelio según San Mateo 16:18 KJV. (Versión del Rey Jaime)

8. Salmos 105:24-25.

9. Salmos 149:9.

10. Isaías 42:11,13 NAS. (Nueva Versión estadounidense)

15

Cómo Perder un Renacimiento

El Renacimiento es crítico para el mensaje del Reino, ya que es durante el renacimiento cuando vemos con mayor claridad cómo es Su dominio y cómo debe tener influencia sobre la sociedad. La mejor parte del renacimiento es la venida del Reino. De algún modo, el renacimiento ilustra la vida normal cristiana.

Antes que viniera el Mesías, los lideres religiosos oraban por Él y enseñaban acerca de Su venida. Había un sacudimiento en el ámbito mundial, aun en las sociedades profanas, respecto a algo maravilloso que estaba por suceder. Y entonces, en un pesebre en Belén, nació Jesús.

Todos aquellos que miraban la estrella sabían quien era Él y habían viajado grandes distancias para adorarle y darle sus regalos. El demonio también sabia, e hizo que Herodes asesinara a todos los primogénitos varones en su intento por detener el plan de Jesús de redimir a la humanidad. Con posterioridad a haber fracasado, intentó tentar a Jesús al pecado mediante la tentación en el desierto. Lo que resulta más sorprendente es que esta visita de Dios ni siquiera dejó de pasar inadvertida por los que estaban poseídos por el demonio. Tal fue como le sucedió al *hombre de Gadara*. Cuando vio a Jesús, se arrojó ante Él en alabanza y pronto fue liberado de su vida de tormento. Aun así, los lideres religiosos que oraban por Su venida, no Le reconocieron cuando Él vino.

San Pablo y Sila predicaban el evangelio a través de toda la región de Asia Menor. Los lideres religiosos decían que ellos procedían del demonio. Pero una niña vidente que estaba poseída por el demonio dijo que ellos procedían de Dios. ¿Cómo es que aquellos de quienes se piensa que son espiritualmente ciegos son capaces de ver?, Y ¿aquellos que eran reconocidos por su entendimiento no reconocieron lo que Dios estaba haciendo?

La historia está llena de gente que oraba por la visita de Dios y que la perdió cuando realmente sucedió. Y esto ocurrió aun con algunas personas que tenían una fuerte relación con Dios.

UNA CLASE DISTINTA DE CEGUERA

Muchos creyentes sufren de una ceguera que el mundo no la tiene. El mundo conoce su necesidad. Pero, para muchos cristianos, una vez que vuelven a nacer, gradualmente dejan de reconocer su necesidad. Existe algo relacionado con la desesperación por Dios que posibilita que una persona reconozca si es algo que procede de Dios o no. Jesús habló de este fenómeno, diciendo, "He venido a este mundo para la sentencia, para que aquellos que no ven puedan ver, y para que aquellos que ven puedan quedar ciegos."[1]

Este testimonio de historia y registro de las Escrituras nos advierte de la posibilidad de cometer este error, "Porque se ha embotado el corazón de este pueblo, han hecho duros sus oídos, y sus ojos han cerrado; no sea que vean con sus ojos, con sus oídos oigan, con su corazón entiendan y se conviertan, y yo los sane." [2] San Mateo dice que es la *sordera del corazón* la que no puede ver.[3] Un cuchillo desafilado es aquel que ha sido utilizado. La implicancia es que la sordera de corazón tiene una historia con Dios, pero no se mantuvo actualizada respecto a lo que Dios estaba haciendo. Mantenemos nuestro *borde afilado* a medida que reconocemos nuestra necesidad, y buscamos a Jesús apasionadamente. El *primer amor,* de algún modo nos mantiene a salvo en el centro de las actividades de Dios en la tierra.

La iglesia de los efesios recibió una carta de Dios. En esa carta, Jesús abordaba el hecho que ellos habían dejado su primer amor. El primer amor es apasionado por naturaleza y domina todas las demás cuestiones de la vida de una persona. Dios dijo que, si no corregían este problema, Él removería sus "lámparas." Mientras que no todos los teólogos se ponen de acuerdo respecto al significado del cumplimiento, hay algo que es cierto: una lámpara nos permite ver. Sin ella, la iglesia de los efesios hubiera perdido sus habilidades de perspectiva. La ceguera o la sordera que hemos mencionado anteriormente, no siempre corresponde a la clase que nos conduce al infierno. Tan solo, no nos conduce hacia la plenitud que Dios ha intentado para nosotros mientras que nos hallamos aquí en la tierra. Cuando la pasión muere, la lámpara de la percepción es eventualmente removida.

MANTENERSE ACTUALIZADO

Este fenómeno ha sido visto en la historia de la Iglesia. Aquellos que rechazan un movimiento de Dios son, en general, aquellos que han sido los últimos en experimentar un movimiento. Esto no es verdadero para todas las personas, ya que siempre hay personas cuya hambre de Dios solo aumenta a través de sus años. Pero, por otro lado, existen aquellos que tienen la actitud de *haber llegado*, no a la perfección, sino a lo que Dios ha intentado. Ellos pagaron un precio para experimentar *el* movimiento de Dios.

Ellos se preguntan a sí mismos, ¿"Por qué Dios haría algo nuevo sin mostrárnoslo primero?" Dios es un Dios de cosas nuevas. El sentir hambre de Él requiere que nosotros incorporemos el cambio traído por Sus *cosas nuevas*. La pasión por Dios nos mantiene frescos y nos equipa para que podamos reconocer la mano de Dios, aun cuando otros la rechazan. Este movimiento presente nos demanda eso. La confianza que Dios es capaz de darnos para evitar nuestras caídas se traga al temor al engaño.[4]

Yo estoy agradecido por lo muchos santos estacionarios que consideraron este presente movimiento como un regalo del cielo. Muchos historiadores de la Iglesia han declarado que esta resucitación es genuina. Han observado que ostenta el mismo fruto, y provoca el mismo sacudimiento en la Iglesia tal como en resucitaciones anteriores ocurridas en la historia. Ha sido alentador escuchar a varios teólogos afirmar que esta resucitación o renacimiento es un verdadero movimiento de Dios. Aun así, no es su sello de aprobación lo que yo busco.

Cada vez que los grandes lideres de la Iglesia se ponen de pie y declaran que esto es una resucitación, me siento alentado. Ha sucedido en mi propia denominación. Pero ni siquiera eso me interesa tanto como la verdadera marca de la resucitación de Dios. En Su sabiduría, Él ha creado las cosas de tal manera que, cuando Él está en movimiento, el mundo, con frecuencia, es el primero en darse cuenta. Yo busco la respuesta de lo demoníaco. Deseo escuchar a aquellos que son adictos a las drogas, a los ex convictos y a las prostitutas. Cuando Dios se mueve con su poder de resucitación, estas personas observan, no como críticos, sino como personas que sienten una gran necesidad de Dios. Y estamos escuchándolos en gran medida. Ellos están siendo transformados, diciendo, "Solo Dios pudo haber realizado este cambio en mi vida. ¡Este es Dios!"

Estar en un *lugar donde hay gran necesidad* posibilita que una persona detecte el momento en que Dios está haciendo algo nuevo. Ese sitio de gran necesidad no tiene que ser la adicción a la droga o la prostitución. Se supone que cada cristiano mantiene un corazón que se halla en desesperación por Dios. ¡Nosotros sentimos una gran necesidad! Jesús abordó este hecho con las siguientes palabras: *"Benditos son los pobres de espíritu, porque de ellos es el reino de los cielos."*[5] El permanecer pobre de espíritu, combinado con *la pasión del primer amor por Jesús*, constituyen las claves que Dios ha creado para anclarnos al centro de Su labor.

CÓMO LOS SANTOS PIERDEN
EL MOVIMIENTO DE DIOS

Andrew Murray es uno de los grandes santos de Dios de principios del siglo XX. Era conocido como un gran maestro que tenia una pasión por la oración. Su clamor por la resucitación es legendario. Cuando él visitó Gales para examinar el renacimiento de 1904, fue conmovido por la maravillosa presencia de Dios. Pero, partió de Gales pensando que si se quedaba podía, sin ninguna intención, contaminar la pureza de la labor de Dios. No le dio pulso a la resucitación por la cual había estado orando.

Usualmente, los movimientos de Dios vienen con un estigma – algo que no es agradable e incluso considerado repulsivo por algunas personas. Las lenguas, que muchas personas no estuvieron dispuestas a soportar, se tornaron en el estigma del siglo XX. G. Campbell Morgan, el gran hombre de Dios y expositor de la Biblia, rechazó la Resucitación Pentecostal, denominándola *¡el peor vomito del infierno!* La tolerancia de reproches es, con frecuencia, un requisito para caminar en el sendero de la resucitación.

Una vez que una persona vuelve a nacer, parecería haber poco incentivo en la mente natural para buscar mas cuestiones que conllevan desgracia. Es esa ausencia de desesperación lo que provoca que los creyentes pierdan a Dios.

TOLERANDO SU REPROCHE

María recibió el anuncio más conmovedor que jamás haya recibido una persona. Ella iba a dar a luz al niño Cristo. Ella fue elegida por Dios, llamándola "altamente favorecida por el Señor."

Este favor comenzó con la visita de un ángel. ¡Esa experiencia fue bastante aterradora! Con posterioridad, le fueron dadas noticias que eran incomprensibles e imposibles de explicar. Esta conmoción inicial fue seguida por la obligación de tener que decirle a José, su prometido, lo que había sucedido. Su respuesta radicó en "apartarla en forma secreta."[6] En otras palabras, él no creía que había sido Dios, y no deseaba seguir adelante con sus planes de matrimonio. Después de todo, ¿donde se halla el capítulo y el versículo que exponga la manifestación del modo en que Dios trabaja con su gente? Nunca había sucedido antes. No había ningún precedente bíblico de una virgen que daría a luz a un niño.

Además de este conflicto obvio con José, María tendría que soportar el estigma de ser la madre de un niño ilegitimo durante el resto de su vida. El favor desde la perspectiva del cielo no siempre es placentero desde nuestra perspectiva.

Tal como María, aquellos que experimentan la resucitación o renacimiento tienen encuentros espirituales que se hallan mas alla de todo razonamiento. Casi nunca tenemos una comprensión inmediata de lo que Dios está haciendo y por que. Con frecuencia, nuestros más queridos amigos desean *apartarnos*, exponiendo que el movimiento procede del demonio. Y luego, está el hecho que somos vistos como un *elemento marginal* por el resto del Cuerpo de Cristo. La disposición de soportar el reproche por parte de nuestros hermanos y hermanas es parte del costo que pagamos por el movimiento del Espíritu Santo.

"Por lo tanto, Jesús... sufrió fuera de la puerta. Por lo tanto, permitidnos ir con Él, fuera del campamento, soportando Su reproche."[7] La resucitación o renacimiento, usualmente, nos lleva fuera del campamento – de la comunidad religiosa. Ese es el sitio donde, con frecuencia, está Él – *¡fuera del campamento!*

El estigma en sí mismo no garantiza que estemos experimentando un verdadero movimiento de Dios. Algunas personas se ganan el reproche a través de la herejía, la impureza y la legalización. La tensión de incomodidad que provoca estar dentro de este grupo es lo que hace que la verdadera estigma es mucho más difícil de tolerar. Daniel conocía su conflicto interno. Él permaneció leal a su convocatoria a pesar de ser considerado como *tan solo otro mago* por el rey y su corte.

EL CIELO AHORA, O EL CIELO AQUÍ

Tal como ha sido mencionado anteriormente, la sed por el Espíritu es probablemente responsable por la consumación o no de mas cantidad de resucitaciones que cualquier otra causa. Aun aquellas personas que han experimentado el movimiento de Dios, con frecuencia, alcanzan un sitio donde su zona de comodidad se estira tan lejos como estén dispuestos a ir. Luego, comienzan a buscar un lugar donde establecerse – un sitio de comprensión y control.

La segunda razón más grandiosa de la consumación o no de una resucitación sucede cuando la Iglesia comienza a buscar el regreso del Señor en vez de perseguir el grandioso avance de la Gran Comisión. *Esa clase* de hambre por el cielo no es fomentada por las Escrituras. Transforma la esperanza bendita en el escape bendito. Desear que Jesús regrese ahora significa sentenciar a miles de millones de personas al infierno por siempre. No se trata de que no sintamos ansias por el cielo. San Pablo dijo que las ansias deben ser un alivio para los cristianos. Pero, buscar el fin de todas las cosas es pronunciar una sentencia para toda la humanidad que se halla fuera de Cristo. Aun San Pablo no deseaba regresar a Corinto hasta que ellos cumplieran totalmente con su obediencia. ¿Es Jesús El que ha pagado por todos nuestros pecados, que siente la ansiedad de regresar sin la gran cosecha final? Yo pienso que no.

Yo creo que el deseo que la Iglesia se halle en el cielo ahora, es, en realidad, la falsificación de *buscar primero al reino*. ¡Existe una diferencia entre clamar por *el cielo ahora y clamar por el cielo aquí!* Si una resucitación nos ha conducido al *fin* de nuestros sueños, ¿significa ello que hemos alcanzado Su fin? Una resucitación debe llegar mas allá de lo que podamos imaginar. Cualquier cosa que se halle por debajo de ello, se queda corta.

Muchos renacentistas han experimentado avances tan significativos que ven el regreso del Señor "a la vuelta de la esquina." Han fracasado en equipar a la Iglesia para que haga lo que ellos tienen talento para hacer. Como resultado de ello, hay conmovido a multitudes en vez de conmover a naciones y generaciones.

Debemos planear como si tuviéramos una vida entera para vivir, pero trabajar y orar como si nos quedara muy poco tiempo en esta tierra.

ENCUENTROS CERCANOS

Los discípulos, quienes estaban acostumbrados a que Jesús los sorprendiera todo el tiempo, se encontraron a sí mismos en siquiera otra situación inusual: Aguardando la promesa del Padre – cualquiera que fuera. Sin duda, los diez días que pasaron juntos les brindaron la oportunidad de expresar su pesar en conversaciones estúpidas respecto a quien seria el más grandioso de ellos y a quien jamás traicionaría al Señor. Algo de esa naturaleza debe haber ocurrido, debido que aun estaban juntos sin que Jesús estuviera allí manteniendo la paz.

Estaban por experimentar un encuentro que disminuiría todas y cada una de sus experiencias anteriores. Dios estaba por saturar sus seres consigo Mismo, tomando el poder que habían visto fluir a través de Jesús y provocando que explotara dentro de ellos. Esta seria la culminación de los esfuerzos de restauración y comisión de Dios desde que el hombre había abandonado su convocatoria para someterse a la tierra en el Libro del Génesis. Ello se convertiría en la marca de agua más grandiosa para toda la humanidad – que jamás había ocurrido.

Habían transcurrido diez días desde la venida de Pentecostés, y aun estaban orando como lo habían estado haciendo durante los restantes nueve días. "Y de repente..."[8] Una habitación con ciento veinte personas estaba ahora llena con el sonido del viento, fuego y expresiones estáticas de alabanza expresadas en lenguas conocidas y desconocidas. [9]

No importaba como la gente interpretara la instrucción de San Pablo respecto a uso de los dones espirituales, se debían poner de acuerdo respecto a algo: Esta reunión estaba conducida en su totalidad por el Espíritu Santo. Esta Iglesia "de pocos meses de edad" no había aprendido lo suficiente para intentar y controlar a Dios. No había desarrollado la predisposición sobre las practicas aceptables y las no aceptables. No tenían una línea bíblica o experimental respecto a lo que estaba sucediendo. Observad los elementos de este servicio dirigido por el Espíritu:

1. Estaban orando.
2. Estaban unidos.
3. Todos ellos hablaban lenguas.
4. Los no creyentes escucharon esas lenguas.
5. La gente fue salvada.[10]

Considerad el predicamento de compañía de Libro de los Hechos 2: Recién habían tenido un encuentro con Dios sin un capítulo o un versículo que explicara lo que recién había sucedido. Pedro, bajo la dirección del Espíritu Santo, opto por utilizar a Joel 2 como la evidencia que representara la base de la experiencia que ellos habían tenido. Joel 2 expone que habría un flujo del Espíritu Santo que incluía profecía, sueños y visiones. Este flujo ocurrió tal como fue prometido en el Libro de los Hechos 2, pero no contaba con ninguna de las características mencionadas por Joel. Sin embargo, tenia el sonido del viento, fuego y lenguas. Fue Dios quien utilizó este párrafo para brindar apoyo a esta nueva experiencia.

El mismo hecho relativo a que esto parece ser una mala interpretación de las Escrituras, debería revelarnos que somos nosotros quienes abordan Su libro de un modo incorrecto. La Biblia no es un libro de listas que confinan o acorralan a Dios. La Palabra no contiene a Dios – Le revela. Joel 2 reveló la naturaleza del trabajo de Dios entre los hombres. El Libro de los Hechos 2 fue una ilustración de lo que Dios intentó mediante esa profecía.

SER O NO SER OFENSIVO

Muchos servicios de la iglesia están diseñados para ser tan inofensivos como sea posible. Esta suposición yace en que cualquier uso de los dones del Espíritu enviaran a las gentes corriendo, desconectándolos del evangelio. Ya están desconectados.

Para la mayoría de ellos, la alabanza expresiva, el ministerio de los dones espirituales y cosas semejantes solamente desconecta a los cristianos que han tenido la desdichada experiencia de haber sido enseñados en contra de estas cosas. Y, muchos de esos mismos individuos, se acogen a esas mismas cosas cuando enfrentan una situación imposible y necesitan de la ayuda de alguien con experiencia en el evangelio de poder.

La Iglesia tiene una adicción insalubre respecto a la perfección: La clase de perfección que no hace lugar al permiso del desorden ni de la confusión. Este estándar solo puede ser alcanzado por medio de la restricción o rechazo del uso de los dones del Espíritu. "Permitid que todas las cosas sean hechas en forma decente y ordenada."[11] "Todas las cosas" en esta oración se refieren a las manifestaciones del Espíritu Santo. Por lo tanto, *todas las cosas deben hacerse* con anterioridad a que tengamos derecho a debatir el orden.

El mantenimiento de las cosas en forma prolija se ha convertido en nuestra gran comisión. Los dones del Espíritu interfieren con la atracción hacia el orden, y el orden se valora por encima del crecimiento. Entonces, ¿por qué deberíamos valorar un desorden o confusión ocasional? "No somos bueyes, el abrevadero está limpio, pero un mayor crecimiento procede de la fortaleza del buey."[12] Los desordenes o confusiones son necesarios para crecer.

¿Cuán importante es crecer hacia Dios? Una vez, Jesús maldijo a una higuera ¡por no dar fruto fuera de la estación![13] Un hombre, en una de Sus parábolas, fue arrojado a la oscuridad por haber enterrado su dinero y no haber obtenido un aumento por parte de su patrón.[14]

Existe una gran diferencia entre cementerios y guarderías. Uno se halla en perfecto orden, y el otro tiene vida. La persona que no tiene a un niño en su interior, puede caminar por la guardería de la iglesia con todas las alegres actividades de los niños y denominarla, equívocamente, un sitio desordenado. En comparación con su sala, lo está. Pero cuando uno de los padres camina y ve a su pequeño jugando con otros niños, ¡ella piensa que está perfecto! Todo es una cuestión de perspectiva. El orden tiene como propósito promover la vida. Por encima de ello, actúa en contra de las cosas que decimos que valoramos.

A IMAGEN DE QUIEN

Nosotros perdemos a Dios cuando vivimos como si Le hubiéramos comprendido. Tenemos el habito de hacer que El se parezca a nosotros. De hecho, si pensamos que Le comprendemos, probablemente Le hemos hecho a nuestra imagen. Debe permanecer un misterio en nuestra relación con Aquel que se ha propuesto trabajar por encima de nuestra capacidad de imaginación.[15] Intentar comprenderle significa embarcarse en una aventura en donde las preguntas aumentaran.

Nuestro deseo relativo al nacimiento de Dios para la resucitación debe mantenernos los suficientemente desesperados para reconocerle cuando venga. Sin esa desesperación, nos satisfacemos con nuestra condición presente y nos transformamos en nuestros peores enemigos respecto al cambio de la historia.

La historia no puede ser cambiada con efectividad hasta que no estemos dispuestos a *ensuciarnos* las manos. Hacemos eso cuando aceptamos la convocatoria de infiltrar el sistema de Babilonia, lo cual es el tema del próximo capítulo.

NOTAS DE CIERRE

1. Evangelio según San Juan 9:39.

2. Primera Carta a los Corintios 10:12.

3. Ver Evangelio según San Mateo 13:15.

4. Ver Judas 24.

5. Evangelio según San Mateo 5:3.

6. Ver Evangelio según San Mateo 1:19.

7. Hebreos 13:12-13.

8. Libro de los Hechos 2:2.

9. Libro de los Hechos 2:4-11.

10. ¿Es posible que las instrucciones de San Pablo respecto a uso adecuado de los dones hayan sido utilizadas en el Libro de los Hechos 2, en vez de que el Libro de los Hechos 2 haya ilustrado la interpretación apropiada de la instrucción de San Pablo en la Primera Carta a los Corintios 12 y 14?

11. Primera Carta a los Corintios 14:40.

12. Proverbios 14:4.

13. Ver Evangelio según San Marcos 11:13-14.

14. Ver Evangelio según San Mateo 25:24-30.

15. Ver Efesios 3:20.

16

Infiltrando el Sistema

¿A qué compararé el Reino de Dios? Es semejante a la levadura que tomó una mujer y la metió en tres medidas de harina, hasta que fermentó todo. 1

Una vez enseñe este párrafo en una pequeña conferencia de pastores en un país europeo. Mi tema era: El Poder de Infiltración del Reino de Dios. En la misma medida que la luz expone, o la sal preserva, la levadura tiene influencia sobre todos sus alrededores de modo sutil pero sobre poderoso. Así sucede con el reino de Dios. Hablé acerca de algunas estrategias prácticas que habíamos puesto en funcionamiento en una iglesia a los fines de infiltrar el sistema social en nuestra área por la causa de Cristo.

Había un hombre joven en nuestra iglesia que estaba en medio de un juicio. Ya había pasado algún tiempo en prisión, y estaba enfrentando una posible sentencia de 20 años. Había cometido el delito con anterioridad a su conversión reciente. Tanto el juez como el fiscal admitieron que la vida de este hombre joven había sido transformada por Dios. Pero deseaban aplicar alguna medida de justicia por el delito cometido. Entonces, lo sentenciaron a seis meses en una prisión a corto plazo. El domingo, con anterioridad a que partiera, impusimos las manos sobre él, enviándolo como misionero a una misión a la cual ninguno de nosotros tenia acceso. Como resultado de dicha infiltración, mas de 60 de aproximadamente 110 prisioneros confesaron a Cristo durante un año.

Con posterioridad a mi mensaje a los pastores, diversos lideres se reunieron para debatir los conceptos que yo había presentado. Irrumpieron de entre el enjambre para informarme que yo estaba equivocado. "La lavadura siempre se refiere al pecado" dijeron, "y esta parábola muestra como la Iglesia estará llena de pecado y compromiso en los últimos días." Lo habían interpretado como una advertencia, no como una promesa.

Aunque yo no deshonro a mis hermanos, 2 rechace esta postura de supervivencia – nos desarma y nos distrae de la verdadera mente de Cristo: la que alcanza grandes triunfos. El error que cometieron mis hermanos tiene dos caras:

1. Interpretaron a la Iglesia por el Reino. No son lo mismo. La Iglesia es vivir en el reino del domino del rey, pero no es el Reino en sí misma. Mientras que el pecado infecta a la Iglesia, el Reino es el dominio del gobierno de Dios. El pecado no puede penetrar ni tener influencia sobre ese dominio.

2. Su predisposición para ver una Iglesia débil, luchadora en los últimos días ha hecho difícil ver la promesa de Dios respecto a la resucitación. Es imposible tener fe cuando no tienes esperanza. Dichos enfoques relativos a la compresión de las Escrituras, han paralizado a la Iglesia.

ES NUESTRO TURNO

Sin una revelación de lo que Dios intenta hacer con Su Iglesia, no podemos movernos en una fe abrumadora. Cuando el objetivo principal de nuestra fe es mantenernos a salvo del demonio, nuestra fe resulta ser inferior de lo que Dios espera. Jesús tenia en mente mucho más para nosotros que la supervivencia. Nosotros estamos destinados a vencer.

Cada conversión provoca un saqueo en el infierno. Cada milagro destruye las obras del demonio. Cada encuentro con Dio es una *Invasión del Todopoderoso* en nuestra condición de desesperación. Este es nuestro gozo.

La llama original de Pentecostés, el Espíritu Santo en Sí Mismo, arde dentro de mi alma. Tengo una promesa de Dios. Soy parte de un grupo de gente destinado a realizar obras más grandes de la que Jesús hizo durante Su ministerio terrenal. ¿Por qué es tan difícil ver que la Iglesia tenga una influencia significativa en estos últimos días? Fue Dios quien determinó que la novia no debería tener ninguna mancha ni ninguna arruga. Fue Dios quien declaró, "Contemplad como la oscuridad cubre la tierra, pero Su gloria aparecerá frente a vosotros."[3]. Fue Dios quien nos ha llamado Su Iglesia, vencedores[4]

La parábola relativa a la levadura ilustra la sutil pero sobrecogedora influencia del Reino en cualquier entorno en donde se sitúe. En estos días, Dios ha planeado situarnos en la más oscura de las situaciones para demostrar Su dominio.

Un joyero, con frecuencia, coloca un diamante sobre una pieza de terciopelo negro. La brillantez de la gema resalta aun más cuando es colocada sobre el terciopelo negro. Así sucede con la Iglesia. La oscura condición de las circunstancias del mundo se torna en el telón de fondo ¡sobre el cual Él despliega Su gloriosa Iglesia! "Donde abundaba el pecado, la gloria abundaba aun más."[5]

A los fines de ilustrar el principio de infiltración en un sistema oscuro mundial, analizaremos a dos héroes del Antiguo Testamento, quienes dan su entendimiento profético respecto a lo que la Iglesia tiene que vencer en la actualidad.

DANIEL COMO LEVADURA

Daniel tenia, probablemente, quince años de edad cuando comenzó su historia. Fue apartado de su familia, se convirtió en eunuco y se puso al servicio del rey. Él, junto con Shadrach, Meshach, y Abednego, fue elegido, porque eran: "Guapos, dotados de sabiduría, poseían conocimiento y rapidez para comprender, tenían la habilidad de servir en el palacio del rey, y podrían enseñar lenguaje y literatura a los Caldéanos."[6]

Daniel comenzó como un aprendiz en la corte de Nabucodonazar, pero posteriormente, fue promovido a asesor de reyes extranjeros. Creció por encima de todos los demás respecto a su sabiduría y se convirtió en consejero del rey. Debido a su excelencia respecto a su servicio y a su poder, el rey le consideró diez veces mejor que todos los demás.[7]

A los fines de comprender el entorno con mayor exactitud, recorda que Daniel es ahora parte de uno de reinos mas inspirados en lo demoníaco que jamás haya gobernado sobre la tierra. Él está completamente "incrustado" a ese sistema. Él se halla entre los magos, astrólogos y hechiceros. Mientras que Dios lo consideraba como Su hombre, él era tan solo otro espiritualista para el rey... al menos, durante una estación. Que extraño grupo de gente con el cual asociarse, particularmente cuando vosotros consideráis que estamos hablando de Daniel, un profeta sin mancha. Su carencia de disposición relativa a ser profanado es legendaria, elevando la marca de agua para generaciones de profetas que lo habrían de seguir.

Babilonia estaba constituida por una sociedad sofisticada, con distracciones suficientes como para mantener a los hebreos en la constante tensión entre la devoción hacia Dios y un amor insalubre por este mundo. Cuando vosotros agregáis la profunda alabanza de ídolos y la presencia demoníaca que ello involucra, vosotros tenéis una combinación mortal que socava la fe de cualquier cristiano informal. Por otro lado, Daniel era absoluto respecto a su devoción hacia Dios e incondicional respecto a su propósito. Él buscó la excelencia relativa a su posición como *levadura*. Si deseáis encontrar a alguien con un motivo de amargura, lo acabáis de encontrar — apartado de su familia, convertido en un eunuco y forzado a servir entre los que ejercían los distintos cultos. La grandeza en Dios se halla, con frecuencia, del otro lado de la injusticia y de la ofensa. Daniel logró atravesar este enjambre, pero no porque era grandioso. Él era victorioso ¡debido a su devoción por Aquel que es grandioso!

EL PODER DE LA SANTIDAD

Daniel descubrió muy pronto el poder de la santidad. Estaba dispuesto a comer las exquisiteces del rey. La separación de Dios se demuestra a través del estilo de vida personal, no mediante asociaciones. Él no podía controlar su entorno. Con frecuencia, la Iglesia también sufre estos "retrocesos." Muchas personas de la Iglesia viven de mismo modo en que viven otras en el mundo, pero no se asocian con no creyentes para no ser profanados. Muchos cristianos prefieren trabajar en una empresa cristiana, concurrir a reuniones de cristianos, y aislarse a sí mismos de toda la gente que queda en el planeta y que necesita ser tocada en Su nombre. Este es el producto lógico de una teología de supervivencia. El Reino es el dominio del Espíritu de Dios que demuestra la señoría de Jesús. Y, es una vida fortalecida por el Espíritu la que tiene efecto sobre la levadura en el mundo de la oscuridad.

EL DESAFÍO FINAL

El desafío final se presentó ante todos los hombres sabios del rey cuando él pidió, no solamente que interpretaran un sueño que recién había tenido, ¡sino qué además le dijeran qué era el sueño! Cuando no pudieron hacerlo, él ordenó que asesinaran a todos los hombres sabios. Durante el proceso, buscaron matar a Daniel y a sus amigos. Daniel solicitó una audiencia con el rey. Creía que Dios lo capacitaría para llevar consigo la Palabra del Señor. Con anterioridad a narrarle al rey acerca del sueño y de su interpretación, le enseño una virtud del reino de Dios llamada humildad. Daniel expuso, "Este secreto no me ha sido revelado porque yo tenga mas sabiduría que cualquier ser viviente, sino para que podamos hacer conocer la interpretación del sueño al rey, y para que tú conozcas los pensamientos de tu corazón."[8] En otras palabras, no se trata de que yo sea grandioso o talentoso, sino que se debe a que Dios desea que vivamos y Él quiere que tú recibas este mensaje. Luego, él interpreta el sueño a uno de los siervos.

Una gran parte de la teología del Reino en la actualidad se concentra en nosotros como regidores, en el sentido de creyentes que se convierten en ejecutivos de sociedades y en funcionarios de gobiernos. Y, en cierta medida, es verdad. Pero nuestra tarea mas fuerte ha sido, y siempre lo será, la de servir. Si al servir, somos promovidos a posiciones de liderazgo, debemos recordar que *lo que hemos logrado aquí, nos mantendrá siendo útiles*. En el reino, el más grandioso es aquel que sirve a todos los demás. Utilizad cada posición para servir con mayor poder.

EL DESAFÍO DE LA PROMOCIÓN

Los cuatro hebreos fueron promovidos como resultado del don profético de Daniel. Por favor, observad que no se menciona en ninguna parte que Daniel haya utilizado este don con anterioridad a esta crisis. Algo similar le ocurrió a un amigo mío evangelista cuando aun estaba en sus años de juventud. Fue invitado a hablar en una iglesia en Canadá. Cuándo bajó del avión, el pastor fue a su encuentro con una expresión de sorpresa en su rostro, diciendo, ¡"Ud. no es Morris Cerullo!" El Pastor sentía un hambre profunda de signos y maravillas para restaurarlos en su iglesia, y pensó que había reservado una semana de reuniones con Morris Cerullo. El sorprendido pastor preguntó al joven si él ejercía un ministerio de signos y maravillas. Él respondió, "No." El pastor, mirando su reloj de pulsera, dijo, "Le doy cuatro horas para que realice uno" y luego, lo llevo al hotel. En estado de desesperación, el joven evangelista rogó a Dios, y Dios honró su clamor. Esa noche fue el comienzo del ministerio de signos y maravillas que han marcado su vida hasta el día de hoy. Dios orquestó estas circunstancias para que tanto Daniel como este joven evangelista buscaran honestamente los dones espirituales.

La infiltración al sistema, con frecuencia, involucra nuestra disposición para atraer los dones espirituales a nuestro mundo. En realidad, estos dones funcionan mejor en el mundo que en el confinamiento de las reuniones de la iglesia. Cuando solo practicamos estos dones en la iglesia, pierden su afilado. Invadir al sistema del mundo con Su dominio nos mantiene alerta y lo salva.

SALVACIÓN POR ASOCIACIÓN

El resto de los hombres sabios, compuesto por magos, astrólogos, etc., fueron descartados debido a Daniel. La presencia del Reino salva las vidas de las personas que no lo han ganado a través de la obediencia personal. Tal es el poder de la justicia – protege a aquellos que la rodean.

La promoción conlleva desafíos. Justo cuando piensas que has alcanzado una posición de influencia, algo ocurrirá que hará que tu barco se sacudo en su totalidad. Nabucodonazar hizo una imagen dorada de 90 pies de altura. Todo su reino debía alabar a esta cosa. Pero los niños hebreos no lo harían. Existe una distinción entre la sumisión y la obediencia. Con frecuencia, debemos actuar en contra de las ordenes de nuestros lideres – pero aun así, solo debemos hacerlo con corazones sumisos.

EL SISTEMA HA INVADIDO

Una lección adicional de la vida de Daniel como levadura se encuentra en el Capítulo 4. Se le había dado a interpretar otro sueño. Se trata acerca de la sentencia de Dios contra Nabucodonozor. Recordad que este es el líder de un reino inspirado en lo demoníaco – ¡un reino que demandaba idolatría! Algunos hombres de menos carácter se hubieran regocijado con la sentencia de Dios. Daniel no lo hizo. Su respuesta a su maestro fue, "Mi señor, espero que el sueño preocupe a aquellos que os odian, y que su interpretación le concierna a vuestros enemigos." 9

¡Cuánta lealtad! Su devoción no se basaba en el carácter de su rey. Se basaba en el carácter de Aquél quien le había asignado la posición de servicio. Algunas personas hubieran respondido Te lo dije a su superior si Dios los hubiera juzgado del mismo modo. El mundo ya ha visto la actitud que radica en mas santo que tú, y no está impresionado. Es tiempo que vean una lealtad que no se basa en bondad genuina. Las respuestas como la de Daniel se tornan remarcables. Dichas respuestas demuestran al reino en su pureza y poder. Son revolucionarias.

Los versículos de cierre del Capítulo 4 registran lo que posiblemente haya sido la conversión más grande de todos los tiempos: La de Nabucodonazar. Fue el gobernante más tenebroso que jamás haya regido. Sus ultimas palabras registradas son: "Ahora yo, Nabucodonazar, alabo y exalto y honro al Rey del cielo, a Aquél cuyas obras son verdaderas, y cuyas sendas son justicia. Y Él es capaz de humillar a aquellos que caminan con orgullo."10 Él fue salvado de ir al infierno debido al poder leudante del reino de Dios. El sistema fue invadido, se estableció la justicia, se desplegó el poder y el pueblo fue salvado.

A los fines que la resucitación masiva del mundo alcance su potencial dominante, debe retirarse de las cuatro paredes de la Iglesia y ser lanzada al mercado. 11 Con tranquilidad, poder, y decisión debéis invadir a través del servicio, y cuando encontréis a alguna persona con una imposibilidad, dejadle saber que ¡la realidad del cielo se halla al alcance de las manos! Y, "que vuestra paz este con ello." 12

JOSÉ COMO LEVADURA

Dios había hablado con José acerca de su propósito en la vida a través de sus sueños. Compartirlos con su familia le trajo problemas. Sus hermanos ya estaban celosos debido a que él era el favorito de su padre. Con posterioridad, lo capturaron y lo vendieron como esclavo.

Dios lo prosperaba dondequiera que fuera porque él era un hombre de promesa. Como gran sirviente, obtuvo favores en el hogar de Potiphar. Cuando la esposa de Potiphar intento seducirle, él dijo que no. Entonces, ella mintió e hizo que lo pusieran en prisión, donde, una vez mas, prospero. Mientras que las circunstancias iban de mal en peor, Dios estaba estableciendo las cualidades de levadura en Su hombre.

Mientras que estaba en prisión, conoció a un mayordomo y a un panadero que trabajaban para el rey. Cada uno de ellos había tenido un sueño, pero estaban tristes porque no los habían comprendido. José respondió, "Las interpretaciones, ¿no pertenecen a Dios? Contadme los sueños por favor." Obviamente, José no se había amargado en contra de Dios y utilizo su don para interpretar sus sueños. Respecto al mayordomo, representaba buenas noticias, y fue liberado. Pero el panadero fue ejecutado.

Posteriormente, en algún momento, el faraón tuvo dos sueños que le perturbaron. El mayordomo recordó el don de José y éste fue llevado ante el rey. Cuando se le solicito que interpretara el sueño del rey, José respondió, "No depende de mí." Un corazón tan humilde como el de José es lo que nos mantiene útiles para Dios.

José interpretó los sueños y luego aplico el don de la sabiduría al darle consejo al rey con respecto a lo que debía hacer a continuación. El rey le honró otorgándole la segunda posición en el comando de todo el imperio egipcio.

José nos brinda una de las mejores ilustraciones de disculpa que se hallan en la Biblia. Sin saberlo, sus hermanos se dirigieron a él debido a la hambruna que había en su tierra. Cuando finalmente les revela quién es él, y el cumplimiento evidente de sus sueños, él les dice, "Pero ahora, no os sintáis por lo tanto agobiados o enojados con vosotros mismos por haberme vendido aquí, ya que Dios me ha enviado ante vosotros para preservar la vida." 13

Observad que José no se había olvidado lo que le había sucedido. El concepto de esperar olvidar lo que alguien nos ha hecho provoca mas daño que bondad. La supresión simplemente esconde una herida de la vista de los demás. Incubar la herida causa que la infección empeore.

APRENDIENDO DE SUS EJEMPLOS

La infiltración en el sistema involucra tanto pureza como poder. La pureza se ve en el carácter de estos hombres ya que demostraron lealtad y perdón, más allá de todo razonamiento. El poder fue liberado a través de la utilización de sus dones.

A los efectos de ser tan efectivo como la levadura en el sistema de Babilonia, debemos replantearnos nuestra comprensión respecto a estos temas. El pueblo de Dios debe hallar un corazón para ver como los demás tienen éxito. Cualquiera puede desear el bien a aquel que está de acuerdo con sus creencias y disciplinas. Pero la habilidad para expresar lealtad y perdón con anterioridad a que alguna persona sea salvada, puede representar la clave para tocar el corazón de ese individuo.

La integridad personal es la base de toda vida y de todo ministerio, y nuestra credibilidad se funda exclusivamente en esto. Podemos estar dotados por encima de toda medida. Pero si se puede confiar en nosotros, el mundo hará oídos sordos a nuestro mensaje. La integridad es santidad, y la santidad es la naturaleza de Dios. Darle paso al Espíritu Santo se halla en el corazón de todo tema relacionado con la integridad.

LLEVÁNDOLE AL MERCADO DE PLAZA

"Dondequiera que Él entraba, fueren pueblos, ciudades o países, la gente ubicaba a los enfermos en el suelo de los mercados de plaza y Le rogaban si tan solo podían tocar el doblaridillo de Sus vestiduras. Y todos aquellos que Le tocaron fueron curados." 14

Cualquier evangelio que no funcione en el mercado de plaza, no funciona. Jesús invadió cada dominio de la sociedad. Él iba donde la gente se reunía. Ellos se convirtieron en Su atención, y Él se convirtió en la de ellos.

Vemos a empresarios que utilizan los dones del Espíritu para identificar las necesidades de sus pares y de sus clientes. Un miembro joven del equipo impuso sus manos en la espalda del mejor jugador del equipo de football estadounidense de su escuela secundaria con posterioridad a que había sido removido del juego con una severa lesión en la pierna. Con posterioridad a que el jugador fue curado, él regresó al juego ¡reconociendo que Dios le había curado!

Una niña joven que tenia diabetes estaba sufriendo una conmoción provocada por la insulina. Su amiga cristiana oraba por ella mientras se dirigía a la oficina de las enfermeras. Cuando la madre la fue a buscar a la escuela y la llevo al médico, descubrieron que ya no tenia diabetes.

Una niña de diez años le pidió a su mamá que la llevara al centro comercial a los fines de encontrar gente enferma por quien orar. Los estudiantes han colocado un cartel en su mesa en nuestra cafetería local. Lee, "Oración Gratuita." La gente no solamente recibió oración sino que también recibieron la palabra profética que los condujo a una mayor conciencia del amor de Dios.

Grupos de personas traen comida caliente a nuestros hoteles locales para ayudar a los necesitados. El propietario de un hotel nos dio una habitación, durante una estación, tan solo para que pudiéramos tener un sitio para orar por los patrones, ya que estaban muy enfermos.

Algunas personas invaden los bares buscando gente que necesite ministerio. Los dones del Espíritu Santo fluyen poderosamente en estos entornos. Durante el ministerio de mi hermano, las abuelas van a los bares de San Francisco. Mientras que él se aparta por su propia seguridad, las mujeres se sientan a una mesa con una soda y oran. Una tras otra, las personas se dirigen a su mesa solicitando oración. Es común que estas personas se arrodillen y lloren cuando descubren el amor que Dios siente por ellos.

Algunas personas cortan el césped y limpian los jardines de las comunidades más pobres, mientras que otras limpian dentro de las casas. Algunas, van de casa en casa buscando orar por lo enfermos. Los milagros son la norma.

Los patinadores de tabla son tocados por otros patinadores de tabla quienes intentan atraerlos a un encuentro con el Dios de todo poder. Si la gente está allí, allí vamos. Debajo de los puentes, en terrenos disponibles, buscamos a los que no tienen un hogar.

Colocamos a los mas necesitados en un ómnibus que los lleva a la iglesia para un banquete de alguna celebración. Nuestras familias escogen una mesa, y colocan la mejor porcelana, el más fino cristal y la platería de la mejor calidad. Los mas desesperados de nuestra comunidad son traídos a la iglesia para ser tratados como tesoro del cielo. Son alimentados, vestidos, y se ejerce ministerio sobre ellos respecto a sus necesidades más básicas, espirituales y naturales.

Jesús no solamente se preocupa por los más pobres o los mas alienados, sino que Él también ama a los que se hallan en buena situación económica y aun están alienados. Las personas de fortuna son algunas de las personas más alienadas de nuestras ciudades. Pero, ¡no debemos servirle por su dinero! Están acostumbrados a que la gente se convierta en sus amigos a los fines de obtener algo por parte de ellos.

Los padres son entrenadores de la Liga Menor. Algunos de ellos conducen programas a posteriori de las horas de clase en nuestras escuelas publicas. Otros, son voluntarios del hospital local, o han sido entrenados como capellanes para el departamento de policía o para las escuelas secundarias locales. La gente visita a sus vecinos enfermos viendo como Dios hace lo imposible.

¿Dónde os lleva la vida? Id allí en el ungimiento y veréis como las imposibilidades se inclinan ante el nombre de Jesús.

OBLIGACIÓN DE JURADO CON EL ESPÍRITU SANTO

Buck era un hombre que plenamente abrazaba la idea de llevar los dones al mercado de plaza. Fue seleccionado para cumplir con la obligación del jurado. Tan pronto como tomó asiento, el Señor le habló diciéndole, "La justicia debe prevalecer." Cuando el juicio por fin había terminado y el jurado comenzó a deliberar, se encontraron a sí mismos divididos respecto a la interpretación de la ley. Buck explico los temas de un modo tan remarcable que todos los demás pensaron que había estudiado Derecho. Utilizo esa oportunidad para compartir su testimonio. Una vez, había sido un grandioso estudiante de ciencias, pero su mente se había quebrantado por el estilo de vida de adicción a las drogas. Jesús había curado su mente mientras él memorizaba las Escrituras. Su testimonio ganó los corazones de algunos de los miembros del jurado, pero apartó a otros.

Cuando llego el momento del veredicto, estaban equitativamente divididos. Por lo tanto, las deliberaciones tuvieron que continuar al día siguiente. Su punto de conflicto era la definición de la palabra delincuente. El hombre que estaba siendo juzgado contaba con seis de las siete calificaciones requeridas para que se le considerara culpable. La séptima era cuestionable. Buck, entonces, llevo una rosa en un florero al siguiente día de las deliberaciones. Todos pensaron que era un gesto agradable. Él les dejó discutir durante un rato, y luego les pregunto, ¿"Qué es lo se halla sobre la mesa?" Todos le miraron como si fuera estúpido y dijeron, ¡"Una rosa!" Él les preguntó si estaban seguros, y todos dijeron que sí.

Él los presionó aun más preguntándoles, ¿"Cuales son las partes que componen una rosa?" Ellos mencionaron los pétalos, el tallo, las hojas, las espinas, etc. Entonces, él les preguntó, ¿"Ven todas esas partes en esta rosa?" Le respondieron que sí, excepto por las espinas. Entonces, él les preguntó, ¿"Es aun una rosa si no tiene espinas?" Le respondieron que sí, a lo cual él respondió, ¡"Y este hombre es un delincuente!"

Les había llegado el mensaje. El don de la sabiduría había estado funcionando sin que ellos lo supieran. Ahora todos, excepto por dos, estaban de acuerdo en que el hombre era culpable. Aun era un jurado en suspenso. Cuando el juez le preguntó a cada miembro del jurado si creía que podían llegar a un acuerdo, todos dijeron que no. Excepto por Buck. En su corazón estaban las palabras, "la justicia debe prevalecer." Luego, el juez les dio treinta minutos para que pudieran llegar a un acuerdo. En cuanto entraron al cuarto de deliberación, la palabra de Dios vino sobre Buck. Él señaló a uno de los miembros del jurado y dijo, "Tú dices que es inocente porque..." Buck procedió a exponer un pecado secreto en la vida de ese miembro del jurado. Luego, se dirigió al otro e hizo lo mismo. Los dos se miraron uno a otro y dijeron, ¡"Cambiare mi voto si tú cambias el tuyo!"

En primer lugar, Buck había traído el don de la sabiduría a las deliberaciones. Ello ayudó a impartir una clarificación que beneficio aun a los no creyentes. Luego, expuso una palabra de conocimiento, algo que no podría haberlo sabido en el plano de lo natural, para exponer el pecado de dos personas que habían rechazado los tratos de Dios. Al final, la voluntad de Dios prevaleció sobre la situación – ¡la justicia!

Estar involucrado en lo sobrenatural a través de los dones del espíritu es lo que hace que la invasión sea eficaz. ¡El Reino de Dios es un Reino de poder! Debemos perseguir la búsqueda de una demostración más plena del Espíritu de Dios. Orad mucho y asumid riesgos.

El ejemplo final de esta invasión es Jesús. En Él, lo sobrenatural invade lo natural.

La visión, definida por los sueños de Dios, nos equipa con un coraje infinito. Tal es el propósito del próximo y último capítulo.

NOTAS DE CIERRE

1. Evangelio según San Lucas 13:20-21.

2. Por favor, comprended que hay una gran diferencia entre despreciar una doctrina y rechazar a una hermano o hermana en el Señor. La actitud de los Fariseos nace cuando pensamos que está bien rechazar a las personas a los fines de proteger ideas.

3. Isaías 60:2 NAS. (Nueva Versión estadounidense)

4. Ver Libro de la Revelación 12:11.

5. Romanos 5:20.

6. Libro de Daniel 1:4.

7. Ver Libro de Daniel 1:20.

8. Libro de Daniel 2:30.

9. Libro de Daniel 4:19.

10. Libro de Daniel 4:37.

11. Ver Evangelio según San Marcos 6:56.

12. Evangelio según San Mateo 10:13.

13. Libro del Génesis 45:5.

14. Evangelio según San Marcos 6:56.

17

Esta Resucitación o Renacimiento Actual

Lo que Dios ha planeado para la Iglesia en estos días es más grandioso que nuestra habilidad de imaginar y orar. Debemos contar con la ayuda del Espíritu Santo a los fines de aprender acerca de estos misterios de la Iglesia y del Reino de Dios. Sin Él, no tenemos entendimiento suficiente ni siquiera para pedir una plegaria.

Comprender lo que está por venir es importante, pero no para equiparnos a los efectos que planeemos o contemos con estrategias mas efectivas. Por el contrario, es importante entender la promesa y propósito de Dios para la Iglesia de modo tal, que podamos sentirnos insatisfechos – de tal manera que nos convirtamos en desesperados. La intercesión de un hambre insaciable conmueve al corazón de Dios como nada mas puede hacerlo.

La resucitación o renacimiento no tiene como objetivo debilitar al corazón. Trae temor a las personas complacientes debido a los riesgos que implica. Las personas temerosas, con frecuencia, trabajan contra el movimiento de Dios – con frecuencia, hasta el día de su fallecimiento – todo el tiempo pensando que están trabajando para Él. El engaño nos dice que los cambios provocados por la resucitación o renacimiento contradicen la fe de los padres. Como resultado de ello, la habilidad dada por Dios para crear, queda marchitada en la tarea laboriosa de la preservación. Las personas temerosas se convierten en curadores de museos, en vez de edificadores del Reino.

Otros individuos están dispuestos a arriesgar todo. La fe de sus padres es considerada como una fundación digna sobre la que se puede edificar. Ellos han echado una mirada de lo podría llegar a ser y no se conformaran con nada que sea inferior a ello. El cambio no representa una amenaza, sino una aventura. La revelación aumenta, las ideas se multiplican y comienza el estiramiento.

"El Señor Dios no hace nada excepto que Él revela Su consejo secreto a Sus siervos, los profetas."[1] Las actividades de Dios en la tierra comienzan con una revelación a la humanidad. El profeta escucha y expone. Aquellos que tienen oídos para escuchar responden, y son equipados para el cambio.

A los fines de comprender quienes somos y en qué debemos convertirnos, debemos ver a Jesús tal como es. Estamos por ver la diferencia entre el Jesús que caminaba por las calles curando a los enfermos y resucitando a los muertos, y el Jesús que, hoy en día, rige sobre todas las cosas. Tan gloriosa como fue Su vida en esta tierra, así lo fue con *anterioridad* al momento de la Cruz. La cristiandad es vida basada en el momento de la resurrección de la Cruz.

El cambio en el cual nos estamos concentrando vendrá en estos últimos días. Debe suceder si debemos convertirnos en lo que Él tiene como objetivo para nosotros.

La religión (la cual es "una forma sin poder"), será más y más despreciada por los corazones de aquellos que verdaderamente Le pertenecen. La revelación crea un apetito respecto a Él. Él no se presenta como un modelo "ornamentado." No existe el Espíritu Santo en la clase económica. Él solamente viene totalmente equipado. Él está cargado, lleno de poder y de gloria. Y Él desea verse tal cual es, en nosotros.

UN CONCEPTO MÁS GRANDIOSO

El poder de tan solo una palabra de Su boca puede crear una galaxia. Sus promesas relativas a la Iglesia se hallan por encima de toda comprensión. Demasiadas personas las consideran como promesas de Dios, sea para el milenio o para el cielo, y así lo claman para enfatizar el plan de Dios para la actualidad, en vez de la eternidad, pero esto constituye una deshonra respecto al hecho que Jesús se ha ido para preparar un sitio para nosotros. Nuestra predisposición respecto a una Iglesia débil ha cegado nuestros ojos a las verdades de la Palabra de Dios relacionada con nosotros. Este problema se afianza en nuestro descreimiento, no en nuestro hambre de cielo. Jesús nos enseñó cómo vivir, anunciando, ¡"El Reino de Dios está cerca!" Es una realidad presente, que afecta el *ahora*.

Carecemos de comprensión respecto a quienes somos debido a que contamos con una pequeña revelación respecto a quien es Él. Sabemos mucho en lo respecta a Su vida en esta tierra. Los Evangelios están llenos de información acerca de cómo era Él, cómo Él vivía, y lo que Él hacia. Aun así, ese no es el ejemplo de en lo que la Iglesia ha de convertirse. Lo que Él es hoy en día, glorificado, sentado a la derecha del Padre, ¡es el modelo en el que nos tenemos que convertir!

Considerad la oración de apertura: *Lo que Dios ha planeado para la Iglesia en estos días es más grandioso que nuestra habilidad para imaginar y orar.* Dichas declaraciones provocan que algunas personas sientan el temor que la Iglesia no estará equilibrada. Muchos individuos dicen que debemos ser cuidadosos respecto a cuanto énfasis ponemos en lo que debemos convertirnos *en la actualidad*. ¿Por qué? En su mayoría se trata del temor relativo a la desilusión de esa precaución. El temor a la desilusión ha justificado nuestro descreimiento. ¿Qué es lo peor que podría suceder si he perseguido aquello que se halla reservado para la eternidad? Dios podría decir, ¡No! Cometemos un grave error al pensar que podemos saber lo que ha sido reservado para el cielo, desde este lado del cielo.

Debido a que muchas personas temen al exceso, la mediocridad es contemplada como un equilibrio. Tal temor hace que la complacencia sea una virtud. Y, es ese temor al exceso que hace que aquellos que se resisten al cambio, sean considerados como individuos con una mente noble. El exceso nunca ha involucrado un fin para la resucitación o renacimiento. William DeArteaga expone, "El Gran Despertar no fue saciado debido a sus extremistas. Fue saciado debido a la condenación de sus oponentes." 2 Él también dijo, "Las divisiones ocurren siempre que se entrona al intelecto como la medida de la espiritualidad – no debido al ejercicio de los dones espirituales, tal como algunas personas así lo consideran." 3 Yo no presto atención a las advertencias de posible exceso por parte de aquellos individuos que se satisfacen con la carencia.

Esta generación es una generación compuesta por individuos que asumen riesgos. Y, no todos los riesgos asumidos serán vistos como fe verdadera. Algunos de ellos saldrán a la luz como pasos tomados por la estupidez y la presunción. Pero, de todas maneras, deben ser asumidos. ¿De qué otra forma podemos aprender? Haced sitio para los individuos que asumen riesgos en vuestra vida pero que no tengan *antecedentes perfectos*. Ellos os inspiraran para utilizar la grandeza disponible en el servicio al Gran Dios.

Los pescadores locales de truchas arco iris, dicen, "Si tu aparejo no se engancha en el fondo del rió de vez en cuando es porque no estás pescando lo sufientemente profundo." Mientras que no es mi deseo honrar a la presunción o al error, si deseo aplaudir a la pasión y al esfuerzo. Nuestra obsesión por la perfección ha dado lugar a algunas de nuestras más grandes manchas. Cuando yo enseñe a mis hijos a montar una bicicleta, los lleve al parque que tenia mucho césped. ¿Por qué? Porque no deseaba que se lastimaran cuando se cayeran. No era una cuestión basada en un condicional. La adicción a la perfección ha dado lugar a un espíritu religioso. La gente que se niega a hacerse a un lado y a ser utilizada por Dios se convierte en los críticos de aquellos que si lo hacen. Los individuos que asumen riesgos, aquellos que maravillan al corazón de Dios, se transforman en blancos de aquellos otros que nunca fracasan porque casi nunca lo intentan.

LA VENIDA DE LA GLORIOSA IGLESIA...

La siguiente es una lista *parcial* de las cosas que se mencionan en las Escrituras acerca de la Iglesia que aun tienen que ser cumplidas. Jesús intenta que nosotros maduremos con anterioridad a Su regreso. Cada uno de los siguientes párrafos proporciona una mirada profética dentro del corazón de Dios respecto a nosotros aquí y ahora.

LA SABIDURÍA DE DIOS— *"Que ahora la sabiduría múltiple de Dios se haga conocer por la iglesia a los principados y poderes que se hallan en los sitios celestiales, de acuerdo a Su eterno propósito...".* [6]

¡La sabiduría deber ser desplegada por nosotros AHORA! Está claro que Dios intenta enseñar el dominio del espíritu acerca de Su sabiduría a través de aquellos creados a Su imagen y semejanza – nosotros.

Salomón fue el hombre más sabio que jamás haya existido, aparte de Jesús quien es la personificación de la sabiduría. [7] La reina de Java fue a examinar la sabiduría de Salomón. "Y cuando la reina de Java había visto la sabiduría de Salomón, la casa que había edificado, la comida que se hallaba sobre la mesa, los asientos de sus sirvientes, el servicio de sus meseros y sus vestiduras, los portadores de copas y sus vestiduras, y su puerta de entrada por la cual entraba a la casa del Señor, no quedó espíritu en ella." [8] Ella reconoció que su sabiduría era mucho más grande de lo que ella jamás se había imaginado. La profundidad de su sabiduría radicaba, en realidad, en estos tres atributos: *la excelencia, la creatividad y la integridad.* ¡Cuando ella vio el modo en que éstas funcionaban, se quedo boquiabierta!

Una vez mas, la sabiduría de Dios se vera en Su pueblo. La Iglesia, que actualmente es despreciada, o, en el mejor de los casos, ignorada, será nuevamente reverenciada y admirada. Una vez mas, la Iglesia representara una alabanza en la tierra. [9]

Examinemos pues, los tres elementos que pertenecían a la sabiduría de Salomón:

La Excelencia es el estándar mas alto de lo que hacemos debido a quienes somos. Dios es extravagante, pero no es derrochador. Un corazón excelente para Dios podría parecer derrochador desde el punto de vista de aquellos que se hallan fuera. Por ejemplo: En el Evangelio según San Mateo 26:8 hallamos a María vertiendo un ungüento sobre Jesús que tiene el valor de un año completo de trabajo. Los discípulos pensaron que se utilizaría de una mejor manera si hubiere sido vendido y se le hubiere dado a los pobres el dinero por él obtenido. En el Libro de Samuel 6:14-16,23, el Rey David se humilló a sí mismo ante el pueblo al quitarse sus vestimentas de rey y bailar salvajemente ante Dios. Su esposa, Mica, lo despreció por ello. Como resultado de ese acontecimiento, ella no tuvo hijos hasta el día de su muerte – sea por su propio impedimento o por la falta de intimidad entre ella y su esposo, David. Resultó ser una pérdida trágica provocada por el orgullo. En ambas situaciones, los que se hallaban fuera consideraron que las acciones extravagantes de estos individuos que rendían alabanza eran derrochadoras. Dios es bueno. La excelencia procede de ver las cosas desde Su perspectiva.

Al perseguir esta virtud, hacemos todo para la gloria de Dios, con todo nuestro poder. Un corazón de excelencia no tiene lugar para la pobreza del espíritu que afecta tanto todo lo que hacemos.

La Creatividad no solamente se ve en la restauración completa de las artes, sino en la naturaleza de Su pueblo con respecto a hallar modos nuevos y mejores de hacer las cosas. Es una vergüenza que la Iglesia se estanque en una rutina de predicción y la denomine tradición. Debemos revelar quien es nuestro Padre a través de la expresión creativa.

La Iglesia, con frecuencia, es culpable de evitar la creatividad porque ésta requiere de cambios. La resistencia al cambio es una resistencia a la naturaleza de Dios. Debido a que los vientos del cambio están soplando, será fácil distinguir entre aquellos que se hallan satisfechos y aquellos que tienen hambre. El cambio trae la luz a los secretos del corazón.

Este ungimiento también hará lugar a nuevas invenciones, adelantos en la medicina y en la ciencia, e ideas novedosas para las empresas y la educación. Sonidos nuevos de música procederán de la Iglesia, así como también otras formas de arte. La lista es interminable. El cielo es el limite. ¡Despertaos y cread!

La Integridad es la expresión del carácter de Dios visto en nosotros. Y, ese carácter es Su santidad. La santidad es la esencia de Su naturaleza. No se trata de algo que Él hace o deja de hacer. Se trata de quien es Él. Es del mismo modo respecto a nosotros. Nosotros somos santos porque la naturaleza de Dios está en nosotros. Comienza con un corazón apartado para Dios, y se torna evidente en la naturaleza de Cristo vista a través de nosotros.

Si podemos mantener las manos sucias de la religión apartadas de la bella expresión de la santidad de Dios, la gente se sentirá atraída a la Iglesia tal como se sentía atraída hacia Jesús. La religión no es solamente aburrida, sino que es cruel. Quita la respiración de todas las cosas buenas. La santidad verdadera es buena de una manera refrescante.

La reina de Java se quedó sin palabras en respuesta a la sabiduría de Salomón. Es tiempo que la sabiduría de la Iglesia provoque que el mundo se quede sin palabras nuevamente.

GLORIOSA IGLESIA—*"... que Él la pueda presentar a Sí Mismo como una **gloriosa iglesia**."* [10]

El intento original de Dios para la humanidad se puede ver en el siguiente párrafo, "Ya que todos han pecado y se han quedado cortos respecto a la gloria de

Dios." 11 Debemos vivir en la gloria de Dios. Ese era el objetivo cuando Dios creó a la humanidad. Nuestro pecado ha causado que el alcance de Su propósito se quede corto. La gloria de Dios es la presencia manifiesta de Jesús. Imaginaos lo siguiente: un pueblo que permanentemente está consciente de la presencia de Dios, no solamente en teoría, ¡sino de la presencia real de Dios sobre ellos!

¡Seremos una Iglesia en la cual Jesús sea visto en Su gloria! Es la presencia del Espíritu Santo y el ungimiento los que dominaran la vida de los cristianos. La Iglesia estará radiante. "La ultima gloria de esta casa será más grande que la primera."12

LA NOVIA SIN MANCHA NI ARRUGAS—"*...que Él la pueda presentar a Sí Mismo como una gloriosa iglesia, **sin manchas ni arrugas** ni ninguna de esas cosas, sino que será santa y sin culpa.*" [13]

Imaginaos una bella mujer joven que se ha preparado para un casamiento. Ha cuidado de sí misma comiendo correctamente y haciendo todo el ejercicio que necesita. Su mente es aguda y ella es emocionalmente segura e independiente. Al mirarla, vosotros no sabríais si ella ha hecho alguna vez alguna cosa mala. La culpa y la vergüenza no manchan su semblante. Ella comprende y emana gracia. De acuerdo al Libro de la Revelación 19:7, ella está lista. El romance hará que vosotros os sintáis del mismo modo. Tal como lo expuso Larry Randolph, "Es una perversión esperar que el novio vista a la novia para el casamiento." La Iglesia debe estar lista. Las herramientas se hallan en su sitio para tal evento. Ahora, la Iglesia debe utilizarlas.

La primera es una descripción bíblica de la Novia de Cristo. Cuando vemos cuan grandioso es Dios, no cuestionaremos Su habilidad de elegirla. San Pablo hace una declaración a la iglesia de Corinto cuando dice que no deseaba retornar a ellos hasta que su obediencia fuera completa. Ese el corazón de Dios para la Iglesia. Y así, *Jesús, el perfecto*, regresara para aquella *no tiene mancha* cuando vea que nuestra obediencia es completa.

UNIDAD DE FE—"*hasta que todos alcancemos **la unidad de fe**... *" [14]

Esto que se denomina la unidad de fe es la fe que funciona a través del amor mencionado en Galatos 5:6. El amor y la fe son dos elementos esenciales de la vida cristiana.

La fe procede de la Palabra de Dios, específicamente "una Palabra hablada con frescura." La fe es lo que complace a Dios. Es la confianza activa en El cómo el Aba Padre. Él por Si solo es la fuente de esa fe. Viene como resultado de Su prédica a Su pueblo. La unidad de fe significa que escucharemos Su voz todos juntos, y que demostraremos grandes explosiones. Es un estilo de vida, no tan solo un concepto – tal como *lo es la unidad respecto a nuestras ideas acerca de la fe*. Las explosiones de la resucitación o renacimiento presente y que viene, traspasarán todos los logros de la Iglesia durante toda la historia en su conjunto. Más de mil millones de almas serán salvadas. Los estadios estarán llenos de gente 24 horas al día, durante días que terminen con la consumación de milagros que se hallen por encima de toda cantidad: curaciones, conversiones, resurrecciones, y liberaciones, son demasiadas para contar. No habrá un conferencista en especial ni un hacedor de milagros bien conocido, tan solo la Iglesia siendo lo que Dios la ha convocado para ser. Y todo esto será el fruto de la *unidad de fe.*

CONOCIMIENTO DE LA REVELACIÓN DEL HIJO—*"hasta que todos alcancemos la unidad de la fe y **el conocimiento del Hijo de Dios**… "* [15]

El apóstol Juan una vez impuso sus manos sobre el pecho de Jesús. Él era llamado como aquel a quien Jesús amaba. Hacia fines de su vida, en las Islas de Patmos, él vio nuevamente a Jesús. Esta vez, Jesús no lucia en absoluto como el que había compartido la ultima cena con él. Su cabello era blanco como la lana. Sus ojos eran como llamas de fuego y Sus pies, como bronce barnizado. Dios sintió que esta revelación era digna de un libro. Se denomina La Revelación de Jesucristo. Toda la Iglesia recibirá una fresca revelación de Jesucristo, especialmente a través de este libro. Esto que ha sido tan misterioso será finalmente comprendido. Y esa revelación lanzara a la Iglesia a una transformación diferente de cualquier otra experimentada en años anteriores. ¿Por qué? *¡Porque a medida que Le vemos, nos parecemos a Él!*

Si la revelación de Jesús es el centro de atención primario del Libro de la Revelación, luego, debemos admitir que la alabanza es la respuesta central. El inminente aumento relativo a la revelación de Jesús será mesurable a través de nuevas dimensiones de alabanza "experiencias de la sala del trono corporativo."

UN HOMBRE MADURO—*"hasta que todos alcancemos la unidad de fe y del conocimiento del Hijo de Dios, a **un hombre perfecto**… "* [16]

Un atleta que compita en las Olimpiadas nunca podrá llegar a los juegos simplemente por sus dones. Es la poderosa combinación de un don con el potencial total a través de la disciplina. Esa es la imagen de la Iglesia convirtiéndose en un hombre maduro. Es singular, queriendo decir que todos nosotros funcionamos juntos como uno. Todos sus miembros trabajaran en perfecta coordinación y armonía, complementando la función y el don de uno con otro de acuerdo a las instrucciones dadas por el líder. Esta no fue una promesa para ser cumplida durante la eternidad. Mientras que yo no creo que eso represente el hablar de la perfección humana, si creo que existe madurez de la función, sin celos, que se desarrollara a medida que Su presencia se ponga de manifiesto. Necesitamos contemplar esto como posible debido a que Él dijo que lo es.

LLENADO DE LA PLENITUD DE DIOS—*"para que conozcáis el amor de Cristo que sobrepasa todo conocimiento; para que podáis estar llenos de toda la plenitud de Dios.*
" [17]

Imaginaos una casa con muchos cuartos. Esta casa representa nuestra vida. Cada cuarto al cual permitimos ser tocado por Su amor quedará lleno de Su plenitud. Esta es la imagen de este versículo. La Iglesia conocerá el amor de Dios a través de la experiencia. Esto estará más allá de nuestra capacidad de comprender. Esa relación de amor íntima con Dios nos ayudará a recibir todo lo que Él ha deseado liberar desde el principio de los tiempos.

" ...Hasta que alcancemos la unidad de la fe y el conocimiento del Hijo de Dios, a un hombre perfecto, a la medida de la estatura de la plenitud de Cristo. " 18

El amor que experimentamos de Dios, y la plenitud correspondiente al Espíritu es que necesario para que alcancemos al máximo la estatura de Cristo-Jesús que, con exactitud, será vista en la Iglesia, tal como la Padre fue precisamente visto en Cristo.

LOS DONES DEL ESPÍRITU EXPRESADOS DE PLENO—

*Dios dice que en los últimos días, verterá Su Espíritu sobre **toda la carne;***
*Sus **hijos** e **hijas** serán profetas,*
*Sus **hombres jóvenes** tendrán visiones,*
*Sus **hombres ancianos** tendrán sueños.*
*Y **verterá** mi Espíritu sobre*
*Sus **sirvientes** y sirvientas*
*Y todos **ellos** serán profetas.* [19]

Este párrafo citado de Joel 2 nunca ha sido completamente cumplido. Obtuvo algunos logros iniciales en el Libro de los Hechos 2, pero su alcance era muchísimo mayor de que esa generación podía cumplir. Toda la carne jamás fue tocada por esa resucitación o renacimiento, pero así sucederá. En el movimiento que viene de Dios, las barreras raciales quedaran rotas, así como también la económicas, las sexuales y las de la edad. El flujo del Espíritu durante la ultima generación tocara cada una de las naciones de la tierra, liberando los dones del Espíritu en plena medida sobre y a través de Su pueblo.

La Primera Carta a los Corintios 12-14 es una enseñanza maravillosa sobre como funcionan los dones del Espíritu, pero es mucho más que eso. Es una revelación de un grupo de creyentes que viven en el reino del Espíritu el cual es tan esencial para los últimos días del ministerio.

Estas manifestaciones del Espíritu Santo serán llevadas a las calles adonde pertenecen. Es allí donde alcanzan su potencial completo y pleno.

Esta generación cumplirá con el clamor de Moisés para que todo el pueblo de Dios este constituido por profetas. Portaremos el ungimiento de Elías al prepararnos para el regreso del Señor del mismo modo en que San Juan Bautista portó el ungimiento de Elías y preparó a la gente para la venida del Señor.

LAS GRANDES OBRAS— *"aquel que crea en Mí, podrá hacer las obras que yo hago también, y **aun obras más grandiosas**, debido a Yo voy hacia mi Padre."* [20]

La profecía de Jesús sobre nosotros haciendo obras más grandes que la que Él hizo ha sacudido a la Iglesia para que busque algún significado abstracto a esta declaración tan sencilla. Muchos teólogos buscan honrar las obras de Jesús como inalcanzables, lo cual es la religión, cuyo padre es el descreimiento. No impresiona a Dios ignorar lo que Él prometió bajo la apariencia de honrar la obra de Jesús sobre la tierra. Lo que Jesús expuso no es tan difícil de entender. Más grande significa "más grande". Y las obras a las cuales Él se refería eran los signos y las maravillas. No representara una falta de servicio hacia Él, tener una generación que Le obedezca y aun vaya por encima de Su Propia marca de agua. Él nos mostró lo que una persona puede hacer cuando el Espíritu la llena sin medida. ¿Qué es lo que podrían hacer millones de personas? Ese era Su punto y se convirtió en Su profecía.

Este versículo, con frecuencia, no es explicado de la manera correcta indicando que se refiere a la cantidad de obras, y no a la calidad. Como podéis ver, millones de personas podrían ser capaces de sobrepasar la cantidad de obras que Jesús hizo simplemente porque son muchas personas. Pero ello disminuye el intento de Su declaración. La palabra más grande es mizon en griego. Se halla 45 veces en el Nuevo Testamento. Siempre es utilizada para describir "calidad', y no cantidad.

VENGA A NOSOTROS TU REINO— *"Que venga Tu reino. Hágase Tu voluntad así en la tierra como en el cielo."* [21]

Él no es la clase de Padre que nos da un mandato pidiéndonos algo sin tener la plena intención de responder a nuestro requerimiento. Él nos dirige para que oremos esta plegaria debido a que, alcanzarla, se halla en Su corazón. Las plegarias más seguras que existen son aquellas que Él nos ha dicho que oremos. Su respuesta estará por encima de todo lo que podamos pedir o pensar. Y es, *"conforme al poder que obra en nosotros."* [22]

Jesús dijo que Él regresaría con posterioridad a que el evangelio del Reino fuere predicado en todo el mundo – luego, vendría el fin. [23] La comprensión actual de *predicar el evangelio del Reino* significa predicar un mensaje que atraerá a la conversión a tantas personas como sea posible. Pero, ¿qué significaba la prédica del evangelio del Reino para Jesús? Cada vez que Él lo hizo, o bien lo ordenó, sucedieron los milagros. El mensaje debía ser una declaración de Su liderazgo y dominio sobre todas las cosas, seguido por demostraciones de poder, e ilustrando que Su mundo está invadiendo el nuestro a través de los signos y maravillas. Considerad pues lo que se intenta decir con esta promesa: habrá una generación de creyentes que predicaran tal como Él lo hizo, haciendo lo que Él hizo en todas las naciones del mundo ¡con anterioridad a la llegada del fin! Es más que una simple promesa.

La realidad presente del Reino será manifiesta y realizada en la vida diaria del creyente. Esto sucederá en el mundo cada vez que un cristiano ore en fe. La señoría de Jesús será vista, y se experimentara la recompensa de Su gobierno. Mientras que la expresión plena de Su Reino pueda ser reservada para la eternidad, nunca ha entrado en nuestras mentes lo que Dios desearía hacer con anterioridad a ello. Ha llegado el momento de explorar la posibilidad.

LA IGLESIA EXPLOSIVA

¿No seria maravilloso tener iglesias que fueran tan explosivas en el ámbito de lo sobrenatural de tal manera que tendríamos que buscar el modo de calmarlas? Eso es lo que San Pablo tuvo que hacer con la iglesia de Corinto. Las instrucciones relativas a los dones del Espíritu habían sido dadas a la gente, quiénes tenían tantos, que tenían que organizarse. "Permitid que todo sea hecho en forma decente y ordenada." [24] No se puede organizar lo que no se tiene. Se debe hacer *todo* antes de poder adicionar una estructura que lo haga más efectivo. El orden es un reemplazante pobre del poder. Pero si tenéis mucho poder, necesitareis buen orden. *Solamente en ese caso* es que el orden añadirá una nueva dimensión al rol de poder en la Iglesia.

AMAD AL PUEBLO, NO A SUS IDEAS

Al comentar el movimiento presente de Dios con un cesacionista, [25], me dijo que yo estaba bajo la tela del engaño debido a mi búsqueda de un evangelio de poder. Él me informó que todos los milagros finalizaron con el fallecimiento del ultimo de los doce apóstoles. Luego dijo que los milagros de curación, los testimonios de familias restauradas, el entusiasmo por las escrituras, y la pasión por dar un testimonio del amor de Dios a otras personas era probablemente obra del demonio. Le dije que su demonio era demasiado grande y que Su Dios era demasiado pequeño. A los fines de sentirse bien respecto a nuestra condición actual la Iglesia ha creado doctrinas para justificar las debilidades. Algunas personas inclusive, hacen parecer a esas deficiencias como si fueran fortalezas. ¡Estas son doctrinas de demonios! Mientras que yo amo y honro a las personas que creen en tales cosas, no siento ninguna necesidad de honrar una sonsera como esa.

Nosotros somos los más dignos de que nos tengan lastima si pensamos que hemos alcanzado la plenitud de lo que Dios intentó para Su Iglesia aquí en la tierra. Toda la historia de la Iglesia está edificada en una revelación parcial. Todo lo que ha ocurrido en la Iglesia por mas de 1900 años se ha quedado corto con respecto a lo que la Iglesia inicial tenia y perdió. Cada movimiento de Dios ha sido seguido por otro, tan solo para restaurar lo que había sido falsificado y olvidado. Y aun no hemos alcanzado el estándar que ellos lograron, muchos menos lo hemos sobrepasado. Aun así, ni siquiera la Iglesia inicial pudo cumplir con la plena intención de Dios para Su pueblo. Ese privilegio fue reservado para aquellos que se hallan "últimos en la carrera", es nuestro destino.

Tan maravillosas como sean nuestras raíces espirituales, aun son insuficientes, Lo que era bueno para *ayer* es deficiente para *hoy*. Insistir que nos quedamos con aquello por lo que pelearon nuestros padres es insultar a un insulto para nuestros antepasados. Ellos lo arriesgaron *todo* para perseguir la búsqueda de algo fresco y nuevo en Dios. No se trata de que todo deba cambiar para que nosotros podamos fluir lo que Dios está diciendo y haciendo. Se trata de que hacemos demasiadas *suposiciones* acerca de la justicia relativa a lo que existe en la actualidad. Esas suposiciones nos ciegan a la revelación aun contenida en las Escrituras. En realidad, lo que pensamos como *la vida normal cristiana* no puede sostener el peso de lo que Dios está por hacer. Debemos cambiar. Existe muy poco de lo que conocemos como vida cristiana que permanecerá intocable durante los próximos diez años.

ALCANZANDO EL MÁXIMO

Nunca ha penetrado en la mente aquello que Dios ha preparado para nosotros mientras estamos en la tierra. Su intención es grande. En vez de limitarnos a nosotros mismos por nuestra imaginación y experiencia, permitámonos sufrir un hambre renovada por las cosas que aun no hemos visto. A medida que seguimos al Extravagante con temerario abandono, descubriremos que nuestro problema mayor radica en la resistencia que procede de aquellos que se halla entre nuestros oídos. Pero la fe es superior. Y ha llegado el momento para que nosotros hagamos que El ya no se preocupe respecto al hecho de si encontrará fe en la tierra o no.

¡El Reino está en el ahora! Orad por él, buscadlo, y recibidlo como niños. Está al alcance de vuestras manos.

UNA LECCIÓN FINAL POR PARTE DE UN NIÑO

En una reunión reciente que se llevo a cabo en la costa del norte de California, tuvimos un notable nivel de adelantos en lo referente a lo milagroso, particularmente en América del Norte. La sordera, la ceguera, la artritis y muchas otras aflicciones han sido curadas a través de la gracia salvadora de Dios. Hubo entre 40 y 50 curaciones en esa reunión donde había alrededor de 200 personas, mientras Jesús una vez mas, demostraba Su dominio sobre todas las cosas.

Un milagro remarcable le sucedió a un niño de tres años de edad, llamado Chris, quien tenia los piececillos deformados. Tenia heridas en las puntas de sus pies ya que rozaban permanentemente la alfombra mientras intentaba caminar. Cuando los concurrentes fueron liberados para orar por los enfermos, 26 personas de nuestro equipo se reunieron alrededor de este niño. De inmediato, Dios comenzó a tocarle. Mientras estaban en oración, lo colocaron sobre el piso. ¡Por primera vez en su vida, sus pies estaban llanos contra el piso! El niño miró a sus pies con sorpresa, inclinándose toco las heridas. Uno de sus pequeños amigos le murmuro al oído, "Corre!"

De repente, comenzó a correr en círculos exclamando, ¡"Puedo correr!" Es innecesario decir que hubo mucho regocijo en la casa esa noche. Regresamos a la casa y miramos el video de esa noche una y otra vez.

Estábamos en tal estado de sorpresa con el milagro, que nos llevo un tiempo notar que Chris estaba intentando decirnos algo. Mi esposa, quien había estado filmando, le había preguntado, ¿"Qué te sucede?"

Mirando a la cámara, él respondió diciendo, ¡"Jesús grande, Jesús grande!"

Debido a nuestra emoción, sin saberlo, cambiamos de tema y le preguntamos acerca de sus pies. [27] Aquellos que vieron el milagro nos dieron los detalles. Pero, a medida que observábamos el video, escuchamos su testimonio, ¡"Jesús grande, Jesús grande!" La única cosa que se nos ocurrió fue que el niño había tenido un encuentro con Jesús quien había venido y lo había curado.

CONCLUSIÓN

Esta historia, como todas las otras contenidas en este libro, se trata de la bondad de Dios. *Es el testimonio de Jesús.* El Libro de la Revelación, revela este principio, "El testimonio de Jesús es el espíritu de la profecía." [28] Un testimonio profetiza aquello que es nuevamente posible. Declara que hay otro milagro disponible. Ilustra a todos los que escuchan, la naturaleza de Dios y Su compromiso con la humanidad. Todo lo que Él busca es que alguien agregue su fe al testimonio recibido. El no hace diferenciación entre las personas. Él hará por ti lo que ha hecho por otro. Porque Él es el mismo hoy como ayer, Él está dispuesto a hacer nuevamente lo que ha hecho hace tanto tiempo.

Dos semanas posteriores al milagro de Chris, mostré su video en nuestra iglesia. Nuestra gente se sintió alentada. Al día siguiente, dos de nuestros hombres jóvenes fueron al centro comercial y vieron a una mujer anciana con un bastón. Cuando le preguntaron si podían orar por ella, ella no se mostró interesada hasta que escucho la historia de Chris. Su testimonio había profesado la bondad de Dios sobre ella, y se sintió hambrienta de oración. A medida que imponían sus manos sobre ella, el tumor en su rodilla desapareció. Mediante la palabra del conocimiento, ellos le dijeron que

Dios también estaba curando su espalda. Cuándo toco su espalda, descubrió que el tumor acerca del cual no les había comentado nada a ellos, ¡ también había desaparecido!

Durante otro domingo, enseñe acerca del poder del testimonio, y utilice la historia de Chris como una ilustración. Había una familia que estaba de visita procedente de Montana con una necesidad similar, los pies de su pequeña niña se inclinaban hacia adentro en un ángulo de aproximadamente 45 grados, provocando que se tropezara con ellos cuando corría. Cuándo su madre escuchó el testimonio de Jesús respecto a la curación de los pies deformados de Chris, ella dijo en su corazón, *¡Lo tomare para mi hija!* [29] Con posterioridad al servicio, ella recogió a su niña de la guardería y descubrió que ¡los pies de su hija estaban perfectamente derechos! El testimonio fue la *profecía*, la madre la *creyó*, y la hija se *curo*.

¡Su invasión continúa y continuará infinitamente!

No habrá fin para el crecimiento de Su gobierno y de Su paz. [30]

Los reinos del mundo se han tornado en reinos de nuestro Señor y de Su Cristo,
Y ¡Él reinara por los siglos de los siglos! [31]

NOTAS DE CIERRE

1. Amos 3:7 NAS. (Nueva Versión estadounidense)

2. "Quenching the Spirit: (Saciando el Espíritu), página 55, by William DeArteaga—Creation House.

3. "Quenching the Spirit: (Saciando el Espíritu), página 19, by William DeArteaga—Creation House.

4. "Quenching the Spirit: (Saciando el Espíritu), página 55, by William DeArteaga—Creation House.

5. "Quenching the Spirit: (Saciando el Espíritu), página 19, by William DeArteaga—Creation House.

6. Efesios. 3:10-11

7. Ver Primera Carta a los Corintios 1:30.

8. Libro de Crónicas 2 9:4.

9. Ver Jeremías 33:9.

10. Efesios 5:27.

11. Romanos 3:23.

12. Hagan 2:9 NAS.

13. Efesios 5:27.

14. Efesios 4:13.

15. Efesios 4:13.

16. Efesios 4:13.

17. Efesios 3:19.

18. Efesios 4:13.

19. Libro de los Hechos 2:17-21.

20. Evangelio según San Juan 14:12 NKJV. (Nueva versión del Rey Jaime)

21. Evangelio según San Mateo 6:10.

22 Efesios 3:20.

23 Ver Evangelio según San Mateo 24:14.

24. Primera Carta a los Corintios 14:40.

25. Un individuo que crea que los milagros no sucedieron mas con posterioridad al Primer Siglo de la Iglesia

26. Nosotros entrenamos a cada creyente para que ore por los enfermos. No es saludable para la iglesia cuando solamente el pastor ora por los enfermos.

27. Que profundo – un niño deseaba hablar acerca de Jesús, Él a quien señalaba el signo, y nosotros estábamos tan fascinados con el milagro que no notamos lo que nos estaba tratando de decir.

28. Libro de la Revelación 19:10.

29. Ella comprendió que el poder del testimonio es el espíritu de la profecía. ¡La profecía tiene la habilidad de causarlo!

30. Isaías 9:7.

31. Libro de la Revelación 11:15.

Para Mayor Información

Bill Johnson
Bethel Church (Iglesia de Betel)
933 College View Drive
Redding, CA 96003

e-mail: BILL@IBETHEL.ORG

Web site: iBethel.org

Las copias adicionales de este y otros libros
editados por DESTINY IMAGE se hallan
disponibles en su librería local.

Para localizar una librería cerca de su hogar,
comuníquese al 1-800-722-6774

Envíe una solicitud de catálogo a:

Destiny Image® Publishers, Inc.
P.O. Box 310
Shippensburg, PA 17257-0310

*Hablando de los propósitos de Dios para Esta
Generación y para las Generaciones Futuras."*

Para obtener un listado completo de nuestros títulos, visítenos en: www.destinyimage.com